# MARCO ⊕ POLO

# FRANZÖSISCHE ATLANTIKKÜSTE

## Reiseführer mit Insider-Tips

*Sechs Symbole sollen Ihnen
die Orientierung in diesem Führer erleichtern:*

*für Marco-Polo-Tips – die besten in jeder Kategorie*

*für alle Objekte, bei denen Sie auch eine schöne Aussicht haben*

*für Plätze, wo Sie bestimmt viele Einheimische treffen*

*für Treffpunkte für junge Leute*

*(A 1)
Koordinaten für die Übersichtskarte*

*Die Marco-Polo-Route verbindet die schönsten
Punkte der Französischen Atlantikküste zu einer Idealtour*

*Diesen Führer schrieb Axel Patitz.
Er lebt im Südwesten Frankreichs. Seit mehr als 30 Jahren
bereist er das Land und hat darüber Reiseführer, Buch- und
Zeitschriftenbeiträge veröffentlicht.
Die Marco-Polo-Reihe wird herausgegeben
von Ferdinand Ranft.*

MAIRS GEOGRAPHISCHER VERLAG

# MARCO ✦ POLO

*Für Ihre nächste Reise gibt es folgende Titel dieser Reihe:*

*Die Marco-Polo-Redaktion freut sich, wenn Sie ihr schreiben:*
*Marco-Polo-Redaktion, Mairs Geographischer Verlag*
*Postfach 31 51, D-7302 Ostfildern 4*

*Unsere Autoren haben nach bestem Wissen recherchiert. Trotzdem schleichen sich manchmal Fehler ein, für die der Verlag keine Haftung übernehmen kann.*

*Titelbild: Biarritz (Spiegelhalter)*
*Fotos: Amberg (24, 37, 50); Lade/Michler (4); Mauritius/Burger (91);*
*Mauritius/Hackenberg (62); Mauritius/Nägele (30); Mauritius/Photo Bank (52); Mauritius/*
*Ricatto (Umschlagklappe vorn); Mauritius/Torino (12); Mauritius/Vidler (20, 45, 71);*
*Mauritius/Westlight (58); Schapowalow/Nacivet (76, 86); Schapowalow/Pratt-Pries (16, 64);*
*Schapowalow/Scholz (67, 96); Schuster/Alexandre (34); Schuster/Explorer (19, 26); Schuster/*
*Schlegelmilch (7); Schuster/Schmied (40); Thomas (10, 14, 23, 29, 85, 94)*

*1. Auflage 1993 © Mairs Geographischer Verlag/Hachette*
*Gestaltung: Thienhaus/Wippermann (Büro Hamburg)*
*Kartographie: Mairs Geographischer Verlag*

*Printed in Germany*
*Gedruckt auf 100% chlorfrei gebleichtem Papier*

# INHALT

# Entdecken Sie die Französische Atlantikküste!

*Sauberes Wasser, intakte Natur, einsame Strände — und das auf mehr als 500 Kilometern*

**T**adellose Wasserqualität und saubere, nicht überlaufene Strände sind die Voraussetzungen für einen gelungenen Urlaub an der See. Kein Zweifel, die weniger frequentierte und deshalb noch unverdorbene Französische Atlantikküste ist der arg strapazierten Côte d'Azur und anderen beliebten Mittelmeergestaden in dieser Hinsicht eindeutig vorzuziehen. Das hat sich noch nicht richtig herumgesprochen, deshalb herrscht an der über 500 Kilometer langen im vorliegenden Band beschriebenen Atlantikküste selbst in der Hochsaison auch kein Rummel wie in Nizza, Cannes oder St-Tropez. In renommierten alten Seebädern wie La Baule, Royan und Biarritz sind die mit den traditionellen, breitgestreiften Badezelten gar

*Felsküste und lange Sandstrände, dazu die stetige Brandung und auch in der Sommerhitze immer eine frische Brise: Das ist die Französische Atlantikküste*

nierten Hauptstrände in der Badesaison natürlich ebenfalls optimal ausgenutzt. Aber selbst hier läßt die Wasserqualität nichts zu wünschen übrig. Und dann gibt's ja viele Hunderte Kilometer Sand- und Felsküste, auf denen man sich je nach Belieben wie Adam und Eva oder zumindest wie Robinson fühlen kann.

Schon in den Anfängen des Badetourismus, als die Damen noch berüscht und hochgeschlossen und die Herren in gestreiften Trikots vom Badewagen ins salzige Naß stiegen, war die Atlantikküste »in«, entstanden Seebäder wie Arcachon, Royan und Biarritz. Betuchte Bürger und gekrönte Häupter kamen nach Biarritz, wo die schöne Kaiserin Eugénie in ihrer Villa Eugenia jeden Sommer rauschende Feste feierte. In der Belle Époque entstanden die prächtigen Grandhotels, Spielkasinos und verschnörkelten Villen, die das Bild der Badeorte prägten und teilweise noch erhalten sind. Sie sind Zeugen einer vergangenen Zeit und waren »wie gemacht für den Müßiggang, den Luxus und das mondäne Leben«. Vom Charme der Gründerzeit ist an der Atlantikküste — im Gegensatz zu den mondänen Seebädern Deauville, Trouville, Le Touquet an der Kanalküste — nichts mehr zu spüren. Statt Müßiggang und Luxus verlangt es den Badegast unserer Tage nach Erholung und sportlicher Aktivität. Außerdem ist man mobiler als vor hundert Jahren; Entdeckungen im Hinterland gehören so selbstverständlich zum Ferienprogramm wie einst die Galadiners und glanzvollen Feste.

Daß es nicht nur *eine* Atlantikküste gibt, wird schon durch Namen wie Côte d'Amour, Côte de Lumière und Côte d'Argent illustriert. Die Küste zwischen Loire-Mündung und spanischer Grenze ist dementsprechend in drei sehr unterschiedliche Abschnitte gegliedert: Zwischen Loire und Gironde ist die Küste von melancholisch-verträumter Herbheit. Weiter südlich, zwischen Gironde und Adour, prägen endlose Dünen und Kiefernwälder die Landschaft, während das Baskenland mit seiner Felsküste fast bukolisch-heiter wirkt. Überall an der langen Küste ist jedoch das Licht von einer seltenen Transparenz. Zwischen der Ile de Noirmoutier und La Rochelle im Norden nennt sie sich denn auch schlicht Côte de Lumière, während die sich südlich anschließende Côte d'Argent mit ihrer kräftigen Brandung an endlosen Sandstränden wirklich eine »Silberküste« ist.

Einen beeindruckenden Auftakt hält die Côte d'Amour, die »Liebesküste«, mit dem großen Seebad La Baule bereit. Hier säumt der »schönste Sandstrand Europas« auf acht Kilometer Länge die blendend weiße Kette der Hotels, Appartementhäuser, Restaurants und Sommervillen an sichelförmiger Bucht. Auf lange Sandstrände folgen Felsbuchten mit Stränden, zu denen nur Eingeweihte finden. Die meisten der idyllischen Fischerhäfen haben sich zu Badeorten gemausert, in denen man herrlich zwanglos und preiswert Urlaub machen kann. Statt eines abendlichen Corsos auf eleganter Strandpromenade und Kasinobesuch sieht man von Mole oder Kai dem Einlaufen der Fischkutter und Segelyachten zu. Statt großer Hotels liegen eingebettet in blühende Gärten und den Schatten der Kiefern hübsche alte Villen, Sommerhäuser und Pensionen.

### Klares Wasser

Die Badestrände der Atlantikküste können mit Fug und Recht als die saubersten in Europa gelten. Ständig werden von den Küstengemeinden bakteriologische Wasseruntersuchungen vorgenommen, und das Resultat kann sich sehen lassen: Von 41 Küstenplätzen an der Côte d'Argent wurde knapp die Hälfte mit dem Prädikat A klassifiziert, das heißt, hier ist das Wasser von sehr guter Qualität. Fünf Strände bekamen die Klassifizierung AB, und an 17 Stränden war die Wasserqualität gut (B).

*Die über 100 m hohe Düne von Pilat bei Arcachon ist die größte in Europa*

Auf den ersten Blick nimmt die endlose, flache Weite der Küstenregion südlich der Loire nicht durch malerischen Liebreiz ein. Herb, eine Marschlandschaft der unendlichen Horizonte, ist dieser Teil der Vendée. Im Mittelalter nahmen die *marais*, die Sümpfe, weite Gebiete ein. Im 11. Jahrhundert begannen Mönche sie trockenzulegen. Heute ist der Marais Poitevin bei La Rochelle mit 700 qkm Gesamtfläche, davon 150 qkm Feuchtgebiet, der größte seiner Art. Wegen der Kanäle und Brükken in üppig grünem Idyll nennt man diesen Teil des Marais Poitevin auch poetisch »Venise verte«, grünes Venedig. Auf Bootsfahrten mit den traditionellen flachen Kähnen der Marschbauern erschließt sich der exotische Reiz dieser Wasserwelt. Wie aber sieht die Küste aus? Man kann überrascht sein: Es gibt die Corniche Vendéenne, also eine Felsküste, es gibt die kilometerlangen, von Dünengürteln gesäumten feinen Sandstrände von Sables-d'Olonne, Tranche-sur-Mer und St-Jean-de-Monts. Diese Badeorte bieten, was man sich vom Urlaub an der See nur wünschen kann. Das Seebad Sables d'Olonne ist ein La Baule in kleinerem Format, prächtig an sichelförmiger Bucht gelegen, mit doppelreihiger Strandpromenade, Kasino, Zentrum der Thalassotherapie, großem Yachthafen und einem Fischerhafen wie aus

7

# Geschichtstabelle

**Ab 8. Jh. v. Chr.**
Einwanderung der Kelten (Gallier)

**58–51 v. Chr.**
Cäsar erobert ganz Gallien. Die Römer gründen zahlreiche Städte

**476**
Fall des Weströmischen Reiches. Eroberung Galliens durch die Franken

**440–751**
Herrschaft der Merowinger in Frankreich

**751–986**
Unter der Herrschaft der Karolinger wird das Reich der Franken Europas stärkster Staat. 800 Krönung Karls des Großen in Rom

**1152**
Heinrich II. (ab 1154 König von England) heiratet Eleonore von Aquitanien und kommt in den Besitz ganz Mittel-, West- und Südfrankreichs

**1337–1453**
Hundertjähriger Krieg zwischen England und Frankreich um die englischen Besitzungen auf französischem Boden. Sieg der Franzosen in der Schlacht von Castillon-la-Bataille bei Bordeaux im Juli 1453

**1562–1598**
Religionskriege, Verfolgung der Hugenotten

**Ab 1589**
Unter Heinrich IV. erstarkt die Krone. Mit dem Edikt von Nantes (1598) wird die Verfolgung der Hugenotten beendet

**1643–1715**
Unter Ludwig XIV. wird Frankreich Großmacht. Kulturelle Blüte

**1789–99**
In der Revolution führen die Bewohner der Vendée Guerillakrieg gegen das neue Regime. Aus Bordeaux kommen die liberalen Girondisten, die 1793 selbst Opfer der radikalen Jakobiner werden

**1799–1815**
Herrschaft Napoleons I.

**1870/71**
Während des deutsch-französischen Kriegs wird Bordeaux vorübergehend Sitz der französischen Regierung

**1961**
Schaffung der Wirtschaftsregion Aquitanien

**1966**
Oléron wird als erste französische Insel durch eine Brücke mit dem Festland verbunden

**1967**
Schaffung des Naturschutzgebiets Parc National des Pyrénées Occidentales

**1981**
Beginn der Dezentralisierung unter Präsident François Mitterrand

**1988**
Die Brücke zur Ile de Ré wird dem Verkehr übergeben

dem Bilderbuch. Dank des milden Klimas mit statistisch 2400 bis 2600 Sonnenstunden pro Jahr werden für mehr als die Hälfte des Jahres Badefreuden versprochen.

Wenn's lieber eine Insel sein soll, bieten sich als Alternativen zu überlaufenen Mittelmeerinseln die Ile de Noirmoutier, Ile d'Yeu, Ile de Ré und Ile d'Oléron vor der Atlantikküste. Erster Vorteil: Drei von ihnen sind über Brücken erreichbar. Außerdem haben alle prächtige Sandstrände und eine große Auswahl an Unterkünften. Allerdings gibt es keine Bettenburgen in Beton, keinen Rummel, kein lautstarkes, aufregendes Nachtleben, keinen Nepp. Die sommerliche Atmosphäre insbesondere von Ré – auch »St-Tropez des Atlantiks« genannt – und Oléron ist indes im besten Sinne mediterran: weißer Sand, Felsen, türkisfarbenes, kristallklares Wasser, in Blumen gebettete Dörfer mit niedrigen, weißen Häusern.

Bordeaux ist sozusagen die Hauptstadt des südlichen Teils der Atlantikküste, der Côte d'Argent. Das magische Stichwort für diesen Abschnitt lautet: 230 Kilometer Sandstrand. Unterbrochen wird dieser mächtige Sandgürtel mit der höchsten Düne der Welt (115 m) nur von der Öffnung des Bassin d'Arcachon. Die Anreise im Auto wird durch die von Paris bis südlich von Bordeaux verlaufende Autobahn (Paris–Bordeaux 570 Kilometer) erleichtert.

Die Badeorte der Côte d'Argent sind bis auf Arcachon von ganz eigenem Zuschnitt. Hier konnte sich nicht wie an der nördlichen Atlantik- bzw. Kanalküste der Typ des Belle-Époque-Seebades à la Deauville als geplante Neugründung entwickeln. Dazu lagen die Strände zu weit von Paris und anderen Zentren des Landes entfernt. Wie gesagt ist Arcachon hier die Ausnahme, abgesehen von Biarritz und St-Jean-de-Luz nahe der spanischen Grenze und genaugenommen an der Côte Basque gelegen. Arcachon wurde Ende des vorigen Jahrhunderts von den reichen Bürgern von Bordeaux »entdeckt«. Man baute sich eine Villa in den von Pinienwald bedeckten Dünen, ein Seebad mit Promenade, Kasino und Bahnhof entstand am Südufer des Bassin d'Arcachon nahe der Mündung ins Meer.

Die weniger betuchten Bürger von Bordeaux fuhren im Sommer nach Lacanau-Océan oder Cap Ferret ans Meer, vergleichsweise bescheidenen Badeplätzen, wo man sein Sommerhäuschen gebaut hatte. Hier rollen die Wellen des Atlantiks in endloser Kette auf den ebenso endlosen Strand. Cap Ferret und Lacanau-Océan, wie auch die anderen, spärlich gesäten Badeplätze an der nördlichen Côte d'Argent zwischen Girondemündung und Bassin d'Arcachon, nahmen im Laufe der letzten zwanzig bis dreißig Jahre einen bemerkenswerten Aufschwung. Versuchsweise wurde sogar in Beton gebaut (Lacanau-Océan), wie man in Frankreich mißbilligend zur Kenntnis nahm. Aus deutscher Sicht handelt es sich um einen bescheidenen Versuch, nicht zu vergleichen mit den Betonsilos an anderen Küsten.

Der Trumpf von Aquitanien, dem Südwesten von der Gironde

bis zu den Pyrenäen, ist nicht allein die Küste. Das Bordelais rings um Bordeaux mit seinen 8000 Weinschlössern beziehungsweise -gütern, darunter viele weltberühmte Adressen, ist allemal eine Erkundung wert. Man braucht nur die 30 bis 50 Kilometer von der Küste ins Médoc zu fahren, um sich zwischen Reben und Weinfässern wiederzufinden, wobei die Besichtigungen der *chais*, der überirdischen Weinkeller, Probe und Kauf zum Programm gehören. Auch die anderen Gebiete des Bordelais können zu Exkursionen locken: Graves und Sauternais, südlich an Bordeaux grenzend, Côtes-de-Blaye am Ostufer der Gironde, das Weingebiet von St-Émilion. Da kann man feststellen, daß jedes Gebiet von eigenem Reiz ist und Gewächse hervorbringt, die

von unverwechselbarem Charakter sind.

Südlich des Bassin d'Arcachon beginnt die Landschaft Les Landes. Das früher von Wanderdünen und Flugsand heimgesuchte flache Sumpf- und Heideland, in dem Hirten auf Stelzen über ihre Herden wachten, wurde im vorigen Jahrhundert großflächig mit Pinien und Korkeichen bepflanzt. Mit 9500 qkm ist es das größte Waldgebiet Frankreichs. Zusammen mit der schnurgeraden Küste aus gut 100 km Sandstrand bildet es ein in Europa einmaliges Feriengebiet. Pläne, es in großem Stil zu erschließen, wobei mit Bettenzahlen in vierstelliger Größenordnung jongliert wurde, scheiterten zum Glück am Widerstand der örtlichen Bevölkerung. Gebaut wird zwar, aber im Stil der Landschaft und

*Ein lebhaftes Städtchen mit schönem Fischerhafen: St-Jean-de-Luz*

in kleinerem Maßstab. In der Regel werden bestehende Orte und Badeplätze erweitert und modernisiert. Für die Gemütlichkeit fehlt es dann mitunter an der Patina, vor allem in vollständig neuen Anlagen wie zum Beispiel Port d'Albret.

Baden an der Côte d'Argent bedeutet jedoch nicht nur Sandstrand im Überfluß und atlantische Brandung. Eine Besonderheit sind die großen Meer- und Süßwasserseen parallel zur Küste: vom Lac d'Hourtin-Carcans im nördlichen Abschnitt über die Seen Lac de Lacanau, Lac de Cazaux, Lac de Biscarrosse bis zum Lac de Léon. Sie sind ideale Bade- und Wassersportreviere für Familien mit Kindern. In den Uferzonen liegen unter den allgegenwärtigen Pinien Feriensiedlungen, Sommerhäuschen, Hotels, Restaurants, Sportanlagen und Campingplätze.

Die südlichsten Badeorte an der Côte d'Argent sind Capbreton und Hossegor. In Sichtweite liegt Biarritz, wo die felsige Côte Basque mit ihren Sandbuchten beginnt. Biarritz — wie auch das benachbarte St-Jean-de-Luz — sind für Eingeweihte keine End-, sondern Höhepunkte der Französischen Atlantikküste. Die Belle Époque scheint in Biarritz erst gestern zu Ende gegangen

zu sein, so exklusiv wirken auch heute die Prachtbauten an der Grande Plage, darunter der imposante ehemalige Sommerpalast (heute Hôtel du Palais) der Kaiserin Eugénie, die Biarritz vor mehr als hundert Jahren entdeckte und zu einer ersten Adresse der mondänen Welt von damals machte. Eine gewisse Exklusivität hat sich Biarritz bewahrt, Snobismus wurde nicht daraus. Das kann auch für das charmante St-Jean-de-Luz gelten, dessen besonderer Reiz in der Verbindung liegt, die hier weltläufige Eleganz mit der Atmosphäre eines original-baskischen Fischerstädtchens eingegangen ist. Hat Biarritz der liebreizenden Kaiserin Eugénie so viel zu verdanken, so erinnert man sich in St-Jean-de-Luz noch immer gern an den 9. Juni 1660, als Ludwig XIV. die spanische Infantin Maria Theresia vor den Traualtar in der Kirche St-Jean-Baptiste führte.

Schließlich: Wer nicht die Tage am Strand und die Abende im Schlemmerrestaurant oder der Disko verbringen will, hat mit dem Hinterland der Gascogne, dem Baskenland und den Pyrénées Atlantiques ein großartiges Revier für Ausflüge, Wanderungen und Gipfelrundblicke auf die Atlantikküste.

# Von den Austern bis zum Stelzentänzer

*Notizen zu zwölf Braunbären, 8000 Weingütern, 230 000 Basken und manches Wissenswerte mehr*

### Atlantikwall

Im Zweiten Weltkrieg wurden während der deutschen Besetzung Frankreichs entlang der Küste durch die Organisation Todt rund 10 000 Bunker gebaut, von Hunderttausenden Kriegsgefangenen aus vielen Ländern. Die halb im Sand versunkenen Bunker des von der Nazipropaganda als unüberwindlich gepriesenen Walls alle zu beseitigen wäre ein zu kostspieliges Unternehmen.

### Austern

Auf den Speisekarten der Restaurants an der Atlantikküste wie im Binnenland haben die Austern einen Stammplatz. Es gibt die einfache Zuchtauster *claire* (so genannt nach den *claires*, den Becken für die Aufzucht der Larven), die feinere *fine de claire*, die *gigas*, eine sehr gute Auster japanischen Ursprungs, die *spéciale de claire* (die beste ist hier die *creuse*) und die *plate*. Letztere ist, wie der

*Die Austernzucht ist an der ganzen Atlantikküste verbreitet – sehr zur Freude aller Feinschmecker*

Name sagt, flach und wird wegen ihres milden Meeresgeschmacks geschätzt. Sie wird meist unter ihrem Herkunftsnamen verkauft wie Arcachon, Cancale, Belon, Quiberon und so fort. Das Bassin d'Arcachon bei Bordeaux ist mit einer Größe von 1800 Hektar und 800 Berufszüchtern eins der wichtigsten Austerngebiete Frankreichs. Der beste Platz ist die Öffnung des Bassins zum Meer, wo immer frisches Meerwasser einströmt. Bedeutend ist auch das Gebiet Marennes-Oléron bei La Rochelle mit rund fünfzig Prozent der französischen Austernproduktion.

### Basken

Von den 2,8 Millionen Basken leben rund 230 000 in der südwestlichsten Ecke Frankreichs, in den Gebirgstälern der nördlichen Pyrenäenausläufer und an der Atlantikküste zwischen St-Jean-de-Luz und spanischer Grenze bei Hendaye. Wie durch archäologische Ausgrabungen belegt ist, siedeln die Basken seit mindestens 15 000 Jahren in ihrem angestammten Gebiet. Sie haben

*Es gibt sie wirklich: Baske mit Mütze*

eine eigene Sprache, die Häuser in den Dörfern zeigen einen einheitlichen baskischen Baustil, alte Traditionen wie das Pelotaspiel werden gepflegt. Während die Brüder und Schwestern auf spanischer Seite mit der Eta ein unabhängiges Baskenland herbeibomben wollen, sind die französischen Basken erst in den achtziger Jahren politisch aktiv geworden. Autonomisten haben in Frankreich heute einen schweren Stand, militante Aktionen werden verurteilt. Dagegen finden kulturelle Initiativen allgemein viel Zustimmung. Die Bemühungen der Basken, aktiv an der Pflege der Traditionen, der Sprache und lokaler Feste zu arbeiten, schlagen sich in der Gründung von Theatergruppen, Kindergärten und Kooperativen nieder, durch die es gelingt, neue Arbeitsplätze zu schaffen.

## Course landaise

Kuhkämpfe haben Tradition im Südwesten Frankreichs. Bei den Kühen handelt es sich um flinke, schwarze Kämpferinnen, die ihr Metier beherrschen. Ein aufregendes Spektakel also, wenn die jungen Burschen, die *écarteurs*, ihre Künste vorführen. Höhepunkte der Kämpfe sind die waghalsigen Flugnummern, bei denen der *écarteur* mit ausgebreiteten Armen über der anstürmenden Kuh zu schweben scheint. Im Sommer werden in vielen Dörfern und Städtchen der Landes und der Gascogne Kuhkämpfe veranstaltet. Zu beachten ist, daß es zwei Arten gibt: die *courses formelles*, also die traditionellen, artistischen Kämpfe mit Schiedsrichtern, und die *courses mixtes*, bei denen zum größeren Teil komische Nummern *(Comico-Taurin* oder *Charlottade)* vorgeführt werden. Man informiere sich also vorher genau. Auch »echte« Corridas nach spanischer Art werden den ganzen Sommer über an vielen Orten im Südwesten veranstaltet.

## Fischerei

Einige der größten Fischereihäfen Frankreichs liegen an der nördlichen Atlantikküste. Außerdem sind in vielen Küstenorten Fischereiflotten stationiert wie in La Rochelle, Sables-d'Olonne, der Ile d'Yeu, St-Gilles und anderen. Dabei spielt die Küstenfischerei eine bescheidenere Rolle. In der Hochseefischerei sind der Sardinen- und Thunfischfang bis zu den Azoren und den Küsten Marokkos bedeutend. Typisch für das Küstengebiet von Poitou, Charente und Vendée sind die *carrelets*, pittoreske Hängenetze, die von auf Pfählen am Ufer stehenden Hütten baumeln. Bei der jährlichen Fangmenge von rund 650 000 Tonnen beträgt der Anteil der Austern und Muscheln rund 30 Prozent.

## Holz und Harz

Die zwischen 1800 und 1825 begonnene Aufforstung des sandigen, einst öden Gebiets der Landes südlich von Bordeaux schuf mit 9500 qkm das größte Waldgebiet Europas. Damit bildet der Wald einen wichtigen wirtschaftlichen Faktor wegen des Einschlags von jährlich rund vier Millionen Kubikmetern. Zahlreiche Papier- und Parkettfabriken der Region verarbeiten den Rohstoff. Bedeutend ist auch die Terpentingewinnung aus dem Harz der *pin maritime*. Die *résiniers*, die Harzsammler, ersetzten Mitte des vorigen Jahrhunderts mehr und mehr die Hirten, die auf langen Stelzen über die Schafherden wachten. Überall kann man die Kiefernstämme antreffen, in deren Rinde lange Kerben geschnitten sind, aus denen das Harz in die Auffangnäpfe tropft.

## Jagd

In Aquitanien wird mit Leidenschaft gejagt. Eine wichtige Beute ist die Ringeltaube *(palombe)*, wenn sie im Herbst Richtung Nordafrika unterwegs ist. Zu Zehntausenden lauern dann die Jäger in sogenannten *palombières*, Baumhütten aus Zweigen und Farnblättern. In den Landes und dem Vorland der Pyrenäen wird den Tauben vorwiegend mit Netzen nachgestellt. Als Leckerbissen lange in Wein geschmort, wird die Taube *en salmis*, mit einer würzigen braunen Sauce, oder gebraten beziehungsweise mit Armagnac flambiert genossen. Auch die Schnepfe und die Gartenammer *(ortolane)* sind kostbare Beute, die nach altem Ritual zubereitet wird. Allerdings ist der Genuß der *ortolane* ein verbotener, denn der seltene Vogel ist nicht zum Abschuß freigegeben.

## Klima

In der Vendée und in Poitou-Charentes herrscht an verschiedenen Küstenplätzen und besonders auf den Inseln Noirmoutier und Ré sowie an der Côte de Lumière (Royan) ein ausgesprochen südliches Mikroklima mit sehr heißen Sommern und milden Wintern. Erfrischung bringt dann der Wind vom Meer. Die Sonnenscheindauer liegt hier bei bis zu 2600 Stunden pro Jahr. Sehr heiß sind die Sommer auch im Gebiet um Bordeaux. Ozeanisch und feucht ist vor allem das Baskenland, während die Landes und die Gascogne kein einheitliches Klima haben, das heißt, Dauer und Stärke der Frühjahrs- und Herbstregen nehmen ab, je weiter man nach Osten kommt. Sehr kräftig ist an der südlichen Côte d'Argent, also in den Landes und im Bas-Armagnac, der Westwind.

## Literatur: Die großen »M«

Die drei großen »M« stehen für Michel de Montaigne (1533 bis 92), Montesquieu (1689–1755) und François Mauriac (1885 bis 1970). Sie verfaßten bahnbrechende Werke wie die »Essais« (Montaigne) oder »Der Geist der Gesetze« (Montesquieu) und stammen alle drei aus Bordeaux und Umgebung.

## Marais salants

Die »Salzgärten« zwischen Südbretagne und Girondemündung erstreckten sich vom 11. bis 18. Jahrhundert entlang der gesamten Küste. Das Salz aus diesen Salinen war eines der Hauptexportgüter jener Zeit. Ein wichtiger Kunde war die Hanse, die das Salz zum Konservieren des Fischs benötigte. Als das Meer sich im Laufe der letzten Jahrhunderte zurückzog, verlandeten die meisten *marais salants*, wurden gewöhnliche Sümpfe, in denen das Fieber hauste. Die wenigen noch bewirtschafteten »Salzgärten« von Sables d'Olonne, Guérande, den Inseln Noirmoutier und Ré sind heute touristische Sehenswürdigkeiten. Andere *marais salants*, wie bei Marenne, wurden in Austernzuchtbecken oder Schaf- und Viehweiden umfunktioniert. Von eigenem Reiz sind auch die küstennahen Sumpfgebiete mit dem großen Marais Poitevin, dem sogenannten »Venise verte« (s. S. 48), mit seinen idyllischen Kanälen und den abgeschiedenen kleinen Dörfern.

## Meeresangeln

Die Küstengewässer bieten dem Angler viele Möglichkeiten, einerlei ob vom Felsen, Strand oder Boot aus geangelt wird. In vielen größeren Häfen werden Tagesangelfahrten veranstaltet. Die Schnur darf nur mit einem oder zwei Haken bestückt sein, außerdem ist eine Angelerlaubnis erforderlich (Auskunft im Office de Tourisme).

## Parc naturel régional

Die Küstenregion von der Vendée bis zum Baskenland bietet dem naturkundlich Interessierten ein reiches Betätigungsfeld. Besonders lohnend ist der Besuch eines der zahlreichen »Parc naturel régional«. Im Gegensatz zu den Nationalparks handelt es sich dabei um bewohnte Gebiete, in denen Natur und Lebensbedingungen besonders geschützt beziehungsweise im Rahmen der gegebenen Mög-

*Einer der wenigen, heute noch genutzten »Salzgärten«*

lichkeiten entwickelt werden sollen. In den typischen Kähnen mit flachen Böden im nicht entwässerten Teil des Marais Poitevin werden Bootsfahrten veranstaltet. Ganz anders der Parc Régional des Landes de Gascogne südlich von Bordeaux. Bei einer Fläche von 206 000 Hektar umfaßt er weite Teile des größten angepflanzten Waldes in Europa, der ausschließlich aus Pinien besteht. Im Delta der Eyre am Südostende des Bassin d'Arcachon liegt der 70 Hektar große Parc ornithologique du Teich (s. S. 65) an einer der wichtigsten Zugvogelrouten. Im Frühjahr und Herbst sammeln sich hier Tausende Wasservögel, und zahlreiche Vogelarten haben hier außerdem ihre Brutplätze.

## Pelota

Das Pelotaspiel ist der Nationalsport der Basken, wird aber auch in den Landes gespielt. In zahlreichen Dörfern ist mitten im Ort die hohe Wand zu sehen, an der Pelota gespielt wird. Es gibt fünfundzwanzig verschiedene Spielvarianten; in den Landes bevorzugt man das Spiel mit bloßer Hand und dem hölzernen Schlaginstrument *pala*. Typisch baskisch ist das Spiel mit dem riesigen Weidenkorb-Handschuh. Wie die *courses landaises* kann man Pelotaspiele sonntags in vielen Orten erleben.

## Pyrénées Atlantiques

Im westlichen Teil der Pyrenäen liegt der Parc National des Pyrénées Occidentales mit einer Fläche von 48 000 Hektar. Über rund 100 km erstreckt er sich entlang der spanischen Grenze und umfaßt die Täler Aspe, Os-sau, Arrens, Cauterets und Gavarnie. In dem zwischen 1070 und 3298 m Höhe gelegenen Gebiet leben noch ein knappes Dutzend Braunbären, rund 4000 Gemsen und Murmeltiere in rund 200 Kolonien. Während der scheue Bär unsichtbar bleibt, sieht man bei Wanderungen große Raubvögel wie Königsadler oder Bart- und Gänsegeier am Himmel kreisen.

## Stelzentänzer

Bevor das weite, von Flußläufen und Seen durchsetzte Küstengebiet der Côte d'Argent, die Landes, zwischen 1820 und 1870 mit Pinien aufgeforstet wurde, benutzten die Hirten als Fortbewegungsmittel und zur Überwachung der Schafherden hohe Stelzen. Die urtümlichen, in dicke Schaffelle gekleideten Stelzengänger kann man auch heute noch bewundern — allerdings nicht in »freier Wildbahn«, sondern anläßlich lokaler Feste, bei denen sie in Gruppen ihre Tänze vorführen.

## Surfen

Die kilometerlangen und (bei Ebbe) nicht selten Hunderte von Metern breiten Sandstrände der Atlantikküste sind ideal zum Strandsegeln. Die sogenannten *chars de voile* sind dreirädrige, flache Wägelchen, bestückt mit einem Segel, in dem Könner Geschwindigkeiten von über 100 km/h erreichen. Eine Spielart ist Speed-sail, Segelbretter mit vier Rädern, auf denen man stehend über den Strand segelt. Noch populärer ist Surfen. Neben Kalifornien, Hawaii und Australien rangiert ebenbürtig die Côte d'Argent; an den Stränden von

Seignosse und Hossegor bei Biarritz werden sogar Weltmeisterschaften für Profis veranstaltet. Fast jeder Küstenort hat einen Surfclub. Ideal fürs Windsurfen *(planche à voile)* sind die Binnenseen der Landes: Lac de Cazaux, Lac de Biscarrosse, Lac d'Aureilhan, Lac de Léon und andere.

## Thalassotherapie

Meerwasserkuren werden seit den sechziger Jahren in zahlreichen Badeorten an der französischen Küste praktiziert. Dabei wird im allgemeinen das Meerwasser auf 33 bis 34 Grad erwärmt. Es gibt verschiedene Kurprogramme: Fitneßkuren, Anti-Streß-Kuren, Schlankheitskuren, postnatale Kuren, Rheumakuren und neuerdings auch Anti-Tabak-Kuren. Jeder Kur geht eine ärztliche Untersuchung voraus, bei der das Kurprogramm festgelegt und den speziellen Wünschen und Bedürfnissen des Kurgastes angepaßt wird. Zu den Anwendungen gehören neben Schwimmen in erwärmten Meerwasserbecken unter anderem Whirlpool, Inhalationen, Schlamm- und Algenkuren, Unterwassermassage, Akupressur und Lymphdrainage.

Bedeutende Zentren für die Thalassotherapie liegen in La Baule, St-Jean-de-Monts, Sables-d'Olonne, Pornic, Arcachon, Biarritz. Weitere Informationen und Broschüre über 15 Zentren: *Maison de la Thalassothérapie, 128, Av. de Malakoff, 75116 Paris, Tel. 45 00 58 00.*

Die Thalassotherapie-Zentren in den großen Badeorten der Atlantikküste sind supermoderne, ganzjährig geöffnete Anlagen, denen in der Regel erstklassige Hotelbetriebe angeschlossen sind, so daß man die Kur als Paket mit Unterkunft und Verpflegung buchen kann. Preisbeispiel: Bei vier Anwendungen pro Tag zahlt man pro Woche pauschal je nach Unterkunft rund 6000 FF (zwei Personen in Ferienwohnung) oder durchschnittlich 5000 FF mit Halbpension pro Person im Hotel.

## Thermalbäder

Seit der Antike sind die Thermalquellen der Landes um Dax und im Vorland der Pyrenäen bekannt. Mit heute sieben Bädern sind die Landes Frankreichs wichtigste Region für Thermalkuren. Dax steht mit jährlich knapp 60 000 Kurgästen an erster Stelle unter den Thermalbädern, mit seinen bereits in gallo-römischer Zeit genutzten Salzquellen von 57 bis 63 Grad, die bei Arthrose und Kreislauferkrankungen hilfreich sind. Zu Dax gehört St-Paul-lès-Dax (Rheuma, Arthrose). Neu eröffnet wurde 1992 Gamarde-les-Bains. In den Heilbädern Préchacq-les-Bains, Saubusse, Tercis-les-Bains und Eugénie-les-Bains werden Erkrankungen der Atemwege, Hautkrankheiten, Rheuma und Muskelerkrankungen kuriert. *Auskunft: S. E. T. L., 40 100 Dax, Tel. 58 74 08 03.*

## Wein

Namen wie Margaux, Pomerol, St-Émilion, Lafite oder Pauillac stehen für die feinsten Weinadressen bei Bordeaux. Damit allerdings nicht genug: Rund 8000 Weingüter liegen in dem Gebiet zwischen Atlantikküste und Gironde und beiderseits der Garonne südlich von Bordeaux.

*Einen Besuch in einem Weingut des Bordelais sollte man nicht versäumen*

Macht man in einem der Badeorte an der Küste zwischen Girondemündung und dem Bassin d'Arcachon Urlaub, ist man in viertel- bis halbstündiger Autofahrt im Médoc und Haut-Médoc mit seinen berühmten und weniger berühmten Weinschlössern, von denen viele zu besichtigen sind. Eine bedeutende, küstennahe Weingegend ist auch das Tal der Loire, wo besonders um Nantes die Lage Gros Plant du Pays Nantais hervorzuheben ist, die einen leichten, trockenen Weißwein hervorbringt, der ausgezeichnet zu Meeresfrüchten paßt. Vollmundige, weiche Rotweine bringen die Regionen Le Tursan und La Chalosse in der Gascogne zwischen Dax und Mont-de-Marsan beziehungs-weise östlich des Bas-Armagnac hervor. Vorherrschend sind die Traubensorten Tannat, Cabernet und Egiodola für die Rotweine, Baroque, Chasan und Aribola für die Weißweine. Simple Tischweine sind das beileibe nicht; den Baroque schätzten bereits die Mönche des Mittelalters. Die Weine des Tursan, ob rot, weiß oder rosé, tragen seit 1958 das Prädikat V. D. Q. S. *(vin délimité de qualité supérieure)*.

Vergessen sei nicht das große Anbaugebiet Cognac im Hinterland der Côte de Lumière und das Gebiet Armagnac im Hinterland der Côte d'Argent. Obwohl nicht so berühmt wie Cognac, erreicht feiner alter Armagnac in Qualität und Preis das Niveau bester Cognacs.

# Wo die Auster mit der Ente . . .

*Nirgends gibt es frischere Meeresfrüchte und zarteres Federvieh — und der Wein wächst vor der Tür*

**D**a die Atlantikküste weit über 500 Kilometer lang ist, bietet sich die Gelegenheit, ausgiebig in Meeresfrüchten zu schwelgen. Andererseits beeinflußt natürlich das jeweilige Hinterland ganz entscheidend, was sonst noch auf den Tisch kommt. Deshalb erlebt man von der Vendée bis zum Baskenland eine Vielfalt an Spezialitäten, die den Reichtum der gesamtfranzösischen Küche widerspiegelt.

So gibt es mehrere verschiedene Küchen entlang der Atlantikküste: im Norden jene des Pays de Loire (Loire-Atlantique) südlich der bretonischen Halbinsel; weiter die Küche des Poitou-Charentes und schließlich die aquitanische Küche, die sich im Bordelais um Bordeaux allerdings anders präsentiert als am Ufersaum der Gascogne und gar an der baskischen Küste, wo die Atlantikküste an die spanische Grenze stößt. Wo man da tatsächlich am besten ißt, wäre eine müßige Frage. Ausgezeichnete Restaurants finden sich entlang der ganzen Küste, allerdings in renommierten Seebädern und Städten eher als in kleinen Familienbadeorten. Das heißt, man muß mitunter auch einen Abstecher ins Hinterland wagen, um feinschmeckerisch auf seine Kosten zu kommen.

Als Paradebeispiel sei der Kochkünstler und Hotelier Michel Guérard genannt, dessen Dreisternehotel und -restaurant Les Prés d'Eugénie et le Couvent des Herbes in dem kleinen Heilbad Eugénie-les-Bains etwas über hundert Kilometer landeinwärts von Biarritz liegt und von Gästen aus aller Herren Länder als das zur Zeit vielleicht beste Hotel-Restaurant der Welt bezeichnet wird.

Wer nicht 150 Mark für ein Essen ausgeben will und kann, kommt an der Atlantikküste trotzdem nicht zu kurz. Für ein Fünftel bis ein Drittel des obigen Preises gibt's überall, wo Fischer ihren Fang abliefern, leckere Fischgerichte und die *plateaux de fruits de mer* mit *coquilles* (Mu-

*Ein Café oder ein Aperitif in einem Straßencafé gehört zu jedem Urlaub in Frankreich einfach dazu — zum Beispiel hier in Bordeaux*

scheln), delikaten *coquilles Saint Jacques* (Jakobsmuscheln), *coquillages* (Muscheltieren), *moules* (Miesmuscheln), *hommards* (Hummern), *oursins* (Seeigeln), *crevettes* (Garnelen) und so fort.

Beginnend im Norden hier eine kleine Übersicht der speziellen Gerichte der einzelnen Küstenregionen: Ein schönes Stück Atlantikküste schließt sich südlich an die Bretagne an. Hier im Küsten-Departement Loire-Atlantique mit seinen prächtigen Sandstränden ißt man ausgezeichnet: Zu der Vielfalt an Meeresfrüchten, die zwischen La Baule und La Rochelle angelandet werden, gibt es die feinen Weine des Loiretales — trockene Weißweine wie den Muscadet, einen halbtrockenen Rosé oder den Anjou Cabernet, einen trockenen Rotwein. An der Küste von Vendée und Charente-Maritime mit den Inseln Ile de Ré und Ile d'Oléron liegen bedeutende Austernzuchten; so schöne *huîtres* wie hier bekommt man selten. *Mouclade* ist ein typisches Gericht der Region: Miesmuscheln in Weißweinsud mit Schalotten und Petersilie, gebunden mit Butter, Sahne und Eigelb.

Um Bordeaux wachsen bekanntlich einige der besten Rotweine der Welt. So hervorragend die Qualität im allgemeinen ist, so verschieden im Charakter präsentieren sich die Weine der einzelnen Anbaugebiete und Lagen. Die Küche wird — neben den Meeresfrüchten, voran den Austern das Bassin d'Arcachon — höchsten Ansprüchen gerecht. Sie kann jener von Lyon das Wasser reichen; »à la bordelaise«, das heißt natürlich mit Wein, sind die Saucen zu den Fischen der

Girondemündung, dem *entrecôte* und dem *confit de canard* (im eigenen Fett gebratenes Entenfleisch) zubereitet. *Foie gras*, die köstliche — und nicht billige — Stopfleber von Gans oder Ente, steht hier ebenso auf der Speisekarte wie *truffes* (Trüffeln) und *magret de canard*, Brustfilet der Ente. Diese Gaumengenüsse sind Spezialitäten des Périgord und des Südwestens.

Die baskische Küche hat viele herzhafte Spezialitäten mit fremdartigen Namen: *Ttoro* ist eine baskische Variante der Bouillabaisse, *pipérade* ein Paprika-Tomaten-Omelette, *loukinkos* sind kleine Knoblauchwürste, *elzekaria* ist eine Kohl-, Bohnen- und Zwiebelsuppe. Berühmt ist der Schinken von Bayonne; den feinen Schafkäse, *brébis des Pyrénées*, gibt es in verschiedener Zubereitung.

Da das abendliche *diner* die Hauptmahlzeit ist, fällt das Frühstück *(petit déjeuner)* bescheiden aus: Außer Kaffee oder Tee gibt's Croissants, Brot, Butter und Marmelade. Hotels berechnen dafür durchschnittlich immerhin 35 Francs. Das Mittagessen *(déjeuner)* besteht im allgemeinen aus drei Gängen: Vorspeise *(hors d'oeuvre)* oder Suppe, Hauptgericht — unterteilt in *viande* (Fleisch) und *poisson* (Fisch) — sowie Nachtisch *(dessert)*. Ein *café express* beschließt die Mahlzeit. Das abendliche *diner* umfaßt drei bis fünf Gänge. Bestellt man à la carte, muß man bei gleicher Anzahl von Gängen mit mindestens dreißig Prozent höherem Endpreis rechnen. Allerdings kann man auch nur eine Vorspeise und ein Hauptgericht bestellen, ohne schief angesehen zu werden.

Im allgemeinen wird das Mittagessen zwischen 12 und 14 Uhr (nicht später) und das Abendessen zwischen 19 und 21 Uhr 30 serviert. Mit den Wartezeiten zwischen den einzelnen Gängen dauert das *dîner* selten weniger als eineinhalb bis zwei Stunden. Das gilt vor allem für ländliche Restaurants; in der Stadt ist man flinker. Hier hat man zudem die ganze gastronomische Palette, neben dem Restaurant die Crêperie, das Bistro, die Brasserie, dazu heutzutage auch das Fast-food-Lokal, die Pizzeria und das chinesische Restaurant.

Neben den Bordeauxweinen sind auch die Weine des Loiretales sehr zu empfehlen. Im Südwesten spielen außerdem die Weine von Cahors und Bergerac eine gewichtige Rolle. Neben den ausgezeichneten Rotweinen, darunter Pecharmant, Madiran und Frontonais, sind der vollmundige, süße Weißwein Monbazillac und der trockene Jurançon hervorzuheben. Oberhalb von Bordeaux liegt das Anbaugebiet Cognac. Eine Spezialität ist hier der Pineau des Charentes, ein fruchtiger Likörwein aus Traubenmost und Cognac, den man als Aperitif trinkt.

*Wer alle Fischsorten probieren will, muß ziemlich lange Urlaub machen*

# An der Promenade oder unter Arkaden

*Ob im mondänen Seebad oder am kleinen Yachthafen — die Atmosphäre gibt's beim Shopping gratis*

In den großen Seebädern hat sich die Kaufmannschaft auf eine im allgemeinen betuchte Klientel eingestellt. Boutiquen mit der neuesten Pariser Prêt-à-porter-Mode liegen an den Strandpromenaden und in den Geschäftsstraßen dicht an dicht mit Parfümerien, Bijouterien, Läden mit Sportmode und -artikeln. Auffallend ist auch die große Zahl an Kunstgalerien, in denen im Sommer permanent Verkaufsausstellungen veranstaltet werden. Mit abnehmender Größe und Eleganz der Badeorte vereinfacht sich das Angebot.

In den Städten locken die Fußgängerstraßen zum ausgiebigen Schaufensterbummel und Shopping. Da sie meist in schön restaurierten Altstadtvierteln liegen, ist Atmosphäre garantiert. Ein herausragendes Beispiel ist La Rochelle mit seinen stimmungsvollen Arkaden, unter denen alle Arten von Geschäften dicht aneinanderliegen, oder auch St-Jean-de-Luz, wo Shopping schlichtweg ein Vergnügen ist. Besonders die Suche nach Antiquitäten und altem Trödel ist erfolgversprechend. Unmittelbar an der Küste handelt es sich dabei vor allem um Maritimes, wenn der Ort über einen Yachthafen verfügt. Auch Bootsausstatter findet man hier, die neben technischem Zubehör schöne Dinge in Messing und Holz wie Kompasse, Barometer, Lampen, Schiffsmodelle und ähnliches verkaufen.

Die Öffnungszeiten der Geschäfte sind nicht durch ein Ladenschlußgesetz festgelegt und variieren deshalb stark. Es gilt die Faustregel: wochentags von 9 bis 12.30 Uhr und von 14.30 bis 19 Uhr (auch samstags). Auch am Sonntag haben viele Geschäfte geöffnet, einige sind dafür dann am Montag geschlossen. Besonders ausgedehnt sind die Öffnungszeiten in den Badeorten, wo in einer Sommersaison der Hauptumsatz des Jahres erwirtschaftet werden muß. Bäkkereien, oft auch kleinere Lebensmittelgeschäfte, Tabak- und Souvenirläden haben generell auch über Mittag geöffnet.

*Schöner als maritimer Kitsch: handgeflochtene Körbe*

# Feuerwerk und Wasserspiele

*Ob sich der Sieg über die Engländer jährt oder die Weinlese beginnt — zum Feiern bietet vieles Anlaß*

Dem Meer wird entlang der ganzen Küste mit besonderen Festen, oft verbunden mit einem Blumenkorso, gehuldigt. Daneben spielen religiöse Feste wie die traditionellen Wallfahrten eine wichtige Rolle. Und natürlich hat jeder größere Ort sein spezielles, der Kultur gewidmetes Festival, sei's für Musik, Film und/oder Theater, verbunden mit allerlei Volksbelustigung. Dazu kommen in den Sommermonaten sportliche Ereignisse wie Regatten, Pferderennen und traditionelle Wettkämpfe wie Meeresangeln, Pelotaspiele und die *courses landaises* (Kuhkämpfe).

## FEIERTAGE

1. Januar *(Jour de l'An)*; Ostermontag *(Lundi de Pâques)*; 1. Mai *(Fête du Travail)*; 8. Mai *(Kriegsende 1945)*; Pfingstmontag *(Lundi de Pentecôte)*; Himmelfahrt *(Ascen-*

*In der Gegend von Bordeaux spielt der Wein natürlich auch bei Festen eine Hauptrolle — zum Beispiel, wenn die Winzer-Bruderschaft von St-Émilion die Weinlese eröffnet*

*sion)*; 14. Juli *(Fête Nationale)*; 15. August *(Assomption)*; 1. November *(Toussaint)*; 11. November *(Ende des 1. Weltkrieges 1918)*; 25. Dezember *(Noël)*.

## LOKALE VERANSTALTUNGEN UND FESTIVALS

### Mai

Andernos: *Les journées dans le vent*, Anfang Mai Ballonfahrten.

Arcachon: *Triathlon international* Ende Mai.

Bordeaux: *Mai musical*, drei Wochen Konzerte bis Ende Mai: Theater, Oratorien und Rezitationen. *Foire internationale* Ende Mai. *Mai du cheval* in Bordeaux und verschiedenen Schlössern des Bordelais mit Spring- und Dressurwettbewerben, Polo u. a., letzte Maiwoche.

Mimizan-Plage: *Fête de la mer* mit Blumenkorso.

### Juni

Arcachon: *Derby d'Arcachon*, 3. Juniwoche.

Lacanau: *24 heures de planche à voile*, Ende Juni.

La Rochelle: *Internationale Segelwoche*.

## MARCO-POLO-TIPS FÜR FESTE

**1 Fest des heiligen Jean**
Typisch baskisches Fest mit Messe, Musik und Tanz in St-Jean-de-Luz (Seite 28)

**2 Traditionelles Fest in Bayonne**
Kuhkämpfe sind der spektakulärste Teil dieses großen Volksfestes (Seite 28)

**3 La Bataille de Castillon**
Alle Bewohner des Dorfes spielen den historischen Sieg über die Engländer im Jahre 1453 nach (Seite 28)

**4 Nationalfeiertag**
Am Vorabend des 14. Juli wird in allen Dörfern und Städten gefeiert (Seite 28)

St-Émilion: *Fête du printemps et proclamation du vin nouveau*, Frühlingsfest mit feierlicher Bekanntmachung der Qualität des neuen Weins durch die Bruderschaft der Winzer *(jurade)*.

St-Jean-de-Luz: ★ *Fête de Saint-Jean*, baskisches Fest mit großer Messe, Konzert und Tanzveranstaltungen in der letzten Juniwoche.

### Juli

Alle Orte in Frankreich: ★ *14. Juli. Nationalfeiertag* mit festlichen Veranstaltungen am Abend des 13. Juli.

Biarritz: *Open international de cesta punta*, baskisches Ballett und Chöre.

Bordeaux: *Festival d'été de musique classique*, 3 Wochen bis Ende Juli.

Castillon-la-Bataille: ★ *La bataille de Castillon*, Mitte bis Ende Juli, großes historisches Freiluft-Schauspiel der Schlacht von 1453 zwischen Engländern und Franzosen mit mehr als 3000 Teilnehmern.

Langon: *Festival folklorique international »Danses et rythmes du monde«*, Anfang Juli.

Nantes: *Festival international des musiques du monde*, Anfang Juli.

Pauillac: *Jazz & Wine*, Mitte Juli.

Les Sables-d'Olonne: *Festival de théâtre*, Ende Juli.

St-Jean-de-Luz: *Fête du thon*, Fest des Thunfischs, volkstümliches Fest mit Umzügen, Tänzen, Unterhaltung, 1. Juliwoche.

Sauternes: *Fête du cheval, de la chasse et de la nature*, letztes Wochenende im Juli.

### August

Arcachon: *Fête de la mer*, Mitte August.

Bayonne: ★ *Fêtes traditionelles*, großes Volksfest mit Kuhkämpfen, Stierkampf, Korso, Wasserspielen und Konzerten, 1. Woche im August.

Biarritz: *Nuit féerique* mit großem Feuerwerk, Mitte August; *Fête de la mer* mit Angelwettbewerben und festlichen Bällen, 3. Sonntag.

Castillon-la-Bataille: *La bataille de Castillon* mit mehr als 3000 Teilnehmern in historischen Gewändern.

Gujan-Mestras: *Foire aux huîtres*, großer Austernmarkt mit

volkstümlicher Unterhaltung, Mitte August.

Lège-Cap-Ferret: *Fête de la gigas*, Austernfest, 1. Augustwoche.

La Rochelle: *Festival de Confolens*, internationales Musik- und Tanzfestival, Anfang August.

### September

Baskische Küste: *Festival de musique en Côte Basque* in Bayonne, Biarritz, Ciboure, Ascain, Anglet, St-Jean-de-Luz, bei dem berühmte Interpreten mitwirken, Anfang September.

Langon: *Foire aux vins et fromages*, volkstümlicher Wein- und Käsemarkt, Anfang September.

Pauillac: *Fête du vin*, Mitte September.

St-Émilion: *Ban des vendanges de la jurade*, traditionelles Aufgebot der Winzer-Bruderschaft zur Eröffnung der Weinlese am 3. Sonntag im September.

### Oktober

Cognac: *Weinlese-Feste*.

Ste-Croix-de-Mont: *Fête de la commanderie du bontemps*, Fest des neuen Weines, 3. Sonntag im Oktober.

*Die Basken sind ein traditionsbewußtes Volk. Als Außenstehender erhält man auf einem der typischen Feste einen Eindruck von den Bräuchen*

# Fischerdörfer, Felsenküste und fruits de mer

*Ein mondänes Seebad, kleine Fischerstädtchen und ein vielseitiges Hinterland kennzeichnen die abwechslungsreiche »Küste der Liebe«*

**A**n die Halbinsel der Bretagne, über die ein eigener MARCO-POLO-Führer vorliegt, schließen sich südlich die Côte d'Amour und die Côte de Jade an.

*Holzreusen im Hafen von Le Croisic*

Genaugenommen gehört dieser Küstenabschnitt mit dem großen Seebad La Baule noch teilweise zur Bretagne. Unter der touristischen Bezeichnung Loire-Atlantique erstreckt sich die teils von Felsen, teils von weiten Sandstränden gebildete Atlantik-

### Hotel- und Restaurantpreise

**Hotels**
*Kategorie 1:* über 550 FF
*Kategorie 2:* 300—550 FF
*Kategorie 3:* 120—300 FF

Die Preise gelten für zwei Personen im Doppelzimmer mit Dusche/WC bzw. Bad ohne Frühstück. Einzelzimmer sind im allgemeinen nur unwesentlich billiger.

**Restaurants**
*Kategorie 1:* über 350 FF
*Kategorie 2:* 125—350 FF
*Kategorie 3:* 90—150 FF

Die Preise gelten für die Mehrzahl der Menüs des jeweiligen Restaurants. Bei preisgünstigen Menüs ist mitunter Wein inbegriffen. Ein À-la-carte-Essen ist wesentlich teurer.

### Wichtige Abkürzungen

| | | | |
|---|---|---|---|
| **Av.** | Avenue | **Pl.** | Place |
| **Bd.** | Boulevard | **Prom.** | Promenade |
| **FF** | Französische Francs | **St/Ste** | Saint(e) |

# MARCO-POLO-TIPS FÜR DIE CÔTE D'AMOUR

**1** **Eden Beach**
Das Strandrestaurant in La Baule läßt kaum einen Wunsch offen (Seite 32)

**2** **Guérande**
Mauerumgebenes Städtchen bei den *marais salants* (Seite 35)

**3** **Piriac-sur-Mer**
Die versteckten Buchten sind ein Badeparadies (Seite 35)

**4** **Pornic**
Ein besonders schöner Badeort an der Côte de Jade (Seite 35)

**5** **Saint-Brévin-les-Pins**
Das kleine Familienbad ist ein nostalgisches Idyll (Seite 36)

**6** **La Turballe**
FKK-Strand im Schutz von Dünen und Kiefernwald (Seite 36)

küste bis zum Seebad Pornic an der Côte de Jade. Es finden sich also außer dem großen, lebhaften La Baule an diesem Küstenstreifen reizvolle Fischerstädtchen wie Piriac-sur-Mer, Le Croisic und La Turballe mit kilometerlangen Sandstränden. Besonderen Reiz gewinnen Côte d'Amour und Côte de Jade durch das abwechslungsreiche und geschichtsträchtige Hinterland. Auch das untere Loiretal gehört dazu, und selbst die Schlösser um Nantes und Angers liegen im Bereich eines Tagesausflugs.

## LA BAULE

Das große, 1879 gegründete Seebad (15 000 Ew.) mit prächtigem, acht km langem Sandstrand (dem »schönsten Europas«) an der Bucht zwischen Pornichet und Le Pouliguen kann es mit Plätzen wie Deauville, Biarritz oder Royan aufnehmen. Wer das Flair eines eleganten, internationalen Seebades schätzt, ist in La Baule am rechten Platz. Sport aller Art wird hier groß-

geschrieben. Zahllose Boutiquen machen La Baule zum Shopping-Paradies; berühmt ist das Festival des europäischen Films. (A 1)

### BESICHTIGUNGEN

**Meeresfront**
Zwischen Le Pouliguen und Pornichet erstreckt sich auf sieben km im sanften Bogen der Bucht die prächtige Kette der Hotels und Appartementhäuser mit dem Kasino und vielen Sportanlagen.

**Parc des Dryades**
Im schönen, teils von Kiefernwald begrenzten Ortsteil La Baule-les-Pins liegt der sehenswerte Park mit exotischer Vegetation.

### RESTAURANTS

**Eden Beach**
★ Das Strandrestaurant des Hotels L'Hermitage im maritimen Look liegt nicht nur prächtig, hier speist man auch ausgezeich-

net. *Esplanade François-André, Tel. 40 60 37 00, Kategorie 2*

## La Marcanderie

In stilvollem Rahmen eines schönen Hauses wird die feine Küche gepflegt. *5, Av. d'Agen, Tel. 40 24 03 12, Kategorie 2/3*

## La Plage Collégiale

✪ Der Treffpunkt am Strand; alles, was mit Meeresfrüchten an leckeren Gerichten nur denkbar ist. *Plage Bènoit, Tel. 40 60 32 67, tgl. 8–20 Uhr, Kategorie 3*

## Rossini

Eine der ersten Feinschmeckeradressen am Platz; gehört zum Hotel Lutetia. Die Fischgerichte bilden den Grundpfeiler der feinen Küche. *13, Av. Evens, Tel. 40 60 25 81, Kategorie 2*

## Ship Inn

Man geht hier quasi an Bord und erlebt ein nautisches Abenteuer. Die luxuriöse Brasserie auf drei Ebenen ist zur Zeit »in«, ob man nun frühstücken will, zum Lunch einkehrt oder zum Diner kommt. *18, Pl. Général Leclerc, Tel. 40 60 21 92, Kategorie 2/3*

## EINKAUFEN

La Baule ist ein Einkaufsparadies. In den Boutiquen findet man alles, was en vogue oder ausgefallen ist. Auch das Angebot an Antiquitäten, Lederwaren und Kunstgalerien wird den Ansprüchen eines verwöhnten Publikums gerecht. Es gibt drei Märkte. Auf dem *Marché de La Baule, Pl. du Marché, tgl. morgens bis 18 oder 20 Uhr* gibt es eine Fülle an Obst, Gemüse, Fisch; auf dem *Marché à la Criée, am Hafen La Turballe, tgl.*

*ab 15 Uhr,* bieten die Fischer ihre Tagesfänge feil; der *Marché du Pouliguen, Route des Halles, Di-, Mi- und So-Vormittag,* ist in sehr schönen Hallen untergebracht.

## HOTELS

### Aloa

Im Zentrum 50 m vom Strand liegt diese Appartement-Hotelanlage. Die Studios haben voll ausgestattete Küchen und teilweise Terrasse. *18, Pl. Général Leclerc, Tel. 40 60 21 92, Studio ab 2500 FF bis ca. 6000 FF pro Woche*

### Bellevue Plage

Sehr komfortable Zimmer mit Balkon. Im Haus sind Sauna, Solarium, Gymnastikeinrichtungen. *27, Bd. de l'Océan, Tel. 40 60 28 55, 32 Zi., Kategorie 1*

### La Closerie

Einfacheres, gemütliches kleines Hotel garni in ruhiger Lage nahe am Strand. *173, Av. de Lattre-de-Tassigny, Tel. 40 60 22 71, 15 Zi., Kategorie 3*

### Flepen

Hübsch gelegenes, mittelgroßes Hotel in der Nähe des Kasinos. *145, Av. de Lattre-de-Tassigny, Tel. 40 60 29 30, 24 Zi., Kategorie 2*

### Majestic

Das moderne Hotel unmittelbar beim Kasino hat Zimmer mit Meeresblick und sechs Appartements. *Esplanade François-André, Tel. 40 60 24 86, 66 Zi., Kategorie 1*

## SPIEL UND SPORT

Die Palette reicht von Wassersport aller Art über Golf und Tennis bis Reiten. Der wichtigste

*Auf sieben Kilometern erstreckt sich die Strandpromenade in La Baule*

Wassersportclub mit angeschlossener Segelschule ist *Centre nautique La Baule-Le-Pouliguen-Pornichet (Tel. 40 60 20 90)*. In Saint-André-des-Eaux liegt ein *18-Loch-Golfplatz (Tel. 40 60 46 18)*. Es gibt drei Tennisclubs; der beste ist *Garden, Tel. 40 60 21 00*. Für Reiter, die am Strand galoppieren möchten, empfiehlt sich das *Centre Équestre de La Baule, Tel. 40 60 39 29* oder das *Centre Hippique »Les Grands Parcs«, Tel. 40 61 31 62*. Der Ausritt kostet pro Stunde 90 bis 100 FF.

## AM ABEND

Bei der Jugend ist zur Zeit die *Disko La Grange an der Straße nach Guérande* in. Auch *Le Ship Inn* (s.S. 33) ist ein beliebter abendlicher Treffpunkt. *Le Churchill (mit Restaurant) liegt zwischen Saillé und Guérande.* Im Sommer werden außerdem Tanzfeste veranstaltet.

## AUSKUNFT

### Office de Tourisme

*8, Pl. victoire, 44504 La Baule Cedex, Tel. 40 24 34 44*

## ZIELE IN DER UMGEBUNG

### Batz-sur-Mer

Zwischen Meer und den *marais salants* an der von Sandstränden unterbrochenen Felsenküste gelegener Ferienort mit interessanter *Kirche St-Guénolé* aus dem 15./16. Jh. Schönes Inneres mit gotischen Säulenbögen. Vom Turm prächtige Aussicht. Sehenswert auch die gotischen *Ruinen der Chapelle Notre-Dame-du-Mûrier*. (A 1)

### Château de Branféré

Nördlich von La Baule und La Roche-Bernard gelegen. Rings um das Schloß erstreckt sich ein *parc zoologique* mit freilebenden Tieren. *Tgl. 9–12 und 14–18.30 Uhr*. (O)

### Le Croisic

Das schön auf einer Halbinsel gelegene alte Fischerstädtchen wird vor allem als Badeort besucht. Südlich des Ortes liegen an wilder Felsenküste die Badeplätze mit bei Ebbe freiwerdenden Sandbuchten. *Restaurant: Bretagne, am Hafen, Tel. 40 23 00 51, Kategorie 2; Hotel: L'Estacade, 4,*

*Quai Lénigo, Tel. 40 23 03 77, 13 Zi., Kategorie 2/3; Auskunft: Office de Tourisme, 44 490 Le Croisic, Tel. 40 23 00 70.* (A 1)

## Guérande

★ Die malerische Hauptstadt (9500 Ew.) der *marais salants* ist von einer Stadtmauer mit sechs Türmen und vier Toren umschlossen, auf der man schön spazierengehen kann. In der Porte St-Michel, auch »Château« genannt, befindet sich ein sehenswertes *Heimatmuseum, tgl. 9–12 und 14–19 Uhr.* Von eigentümlichem Reiz sind die 1800 Hektar großen, umfassenden *marais salants*, die »Salzgärten« (s. S. 15), ein Netz von flachen Wasserbekken, in denen das Meersalz »geerntet« wird. (O)

## Marais de Brière

Das nordöstliche Hinterland der Halbinsel von La Baule ist flaches Sumpfland und teilweise Parc Naturel. Zwei große Kanäle entwässern das Gebiet. Für Touristen werden Bootsfahrten angeboten. Sehr interessant ist die Ile de Fédrun mit typischen Dörfern. (O)

## Piriac-sur-Mer

Das kleine Fischerstädtchen hat sich seinen Charme bewahrt und wird heute zum Baden besucht. An der Landspitze mit Pinienwald liegen schöne, familienfreundliche ★ Badebuchten mit teils Fels, teils Sandstrand, darunter die *Pointe du Castelli*, von der sich ein ✲ prächtiges Küstenpanorama bietet. (O)

## Pornic

★ Idyllischer alter Fischerhafen und Seekurort (2300 Ew.), der als wichtigstes Seebad der Côte de Jade gilt, die sich von hier bis zur Pointe de St-Gildas hinzieht. Westlich des Yachthafens von Pornic liegt der *Strand Noévillard*. An der steilen Felsenküste hinter dem Fischerhafen kommt man in die schönste Ecke von Pornic, mit prächtigen alten Villen in blühenden Gärten. Das mittelalterliche *Wasserschloß* war einst Wohnsitz des berüchtigten »Blaubarts« Gilles de Rais. Außerdem: neues großes Thalassotherapiezentrum und Golfplatz. *Hotel: Alliance, Plage de la Source, Tel. 40 82 21 21, 90 Zi., Kategorie 1. Auskunft: Office de Tourisme, Pl. môle, 44 210 Pornic, Tel. 40 82 04 40.* (B 1)

## Pornichet

Am Ostende der acht km langen Bucht von La Baule gelegener Badeort (7300 Ew.), angrenzend an La Baule-les-Pins und älter als die große Schwester. Vieux-Pornichet ist das Verwaltungszentrum, während Pornichet-les-Pins mit seinen in Grün gebetteten Villen im Sommer zu Leben erwacht. Neu sind das Meerwasser-Therapiezentrum neben dem Kasino und der von Gezeiten unabhängige Yachthafen. *Hotel: Charmettes, 7, Av. Flornoy, Tel. 40 61 04 30, 35 Zi., Kategorie 2/3. Auskunft: Office de Tourisme, 3, Bd. de la République, 44 380 Pornichet, Tel. 40 61 33 33.* (A 1)

## Le Pouliguen

Der Vorort von La Baule (4500 Ew.) profitiert vom acht km langen »schönsten Strand Europas« ebenso wie von der malerischen Côte Sauvage, die westlich beginnt. *Hotel: Orée du Bois, Rue Maréchal Foch, Tel. 40 42 32 18, 15 Zi.,*

*Kategorie 3; Restaurant: La Voile d'Or, Av. de la Plage, Tel. 40 42 31 68, Kategorie 2; Auskunft: Office de Tourisme, 44 510 Le Pouliguen, Tel. 40 42 31 05.* (A 1)

### Préfailles

Ruhiger Familienbadeort an der malerischen Küste zwischen Sainte-Marie und Pointe de Saint-Gildas. Kleine, einsame Sandbuchten liegen an der Felsenküste. *Camping Les Lambertianas, Rue Saint Dominique, Tel. 40 21 61 05.* (A 1)

### Saint-Brévin-les-Pins

★ Das alte Kasino, das Grandhotel und verschnörkelte Strandvillen erinnern noch an die Glanzzeit als Seebad. Heute ist der ruhige, in Gärten und Kiefernwäldchen gebettete Ort ein idyllisches Familienbad. *Hotel: La Boissière, Mindin, Tel. 40 27 21 79, 22 Zi., Kategorie 2/3; Auskunft: Office de Tourisme, 44 250 St-Brévin-les-Pins, Tel. 40 27 24 32.* (B 1)

### Sainte-Marie-sur-Mer

Der nostalgische, kleine Badeort in Nachbarschaft von Pornic mit seinen türmchengeschmückten Villen, Strandrestaurants und Badehäuschen wird vorwiegend von Familien besucht. (B 1)

### Saint-Nazaire

Mit ihren großen Werften und den Hafenanlagen für Überseeschiffe ist die Stadt (69 000 Ew.) für Nantes das Tor zur Welt. Im Zweiten Weltkrieg von den Deutschen als U-Boot-Stützpunkt genutzt und fast völlig zerstört, wurde St-Nazaire vorbildlich wieder aufgebaut. Im Süden der Stadt reihen sich kleine Sandbuchten aneinander bis zur Pointe de Chemoulin. ⚐ Schöner Blick auf Hafen und Küste von der Terrasse über dem Eingang zur U-Boot-Basis. Im Osten überspannt eine Brücke (Gebühr) von 3356 m Länge in 60 m Höhe die Mündung der Loire. Im *Écomusée L'Espadon, U-Boot-Basis*, Führung durch ein schwimmendes U-Boot, *tgl. 9.30—12 und 14—18 Uhr.* (A—B 1)

### La Turballe

Im lebhaften Hafen des Fischerstädtchens (3300 Ew.) liegen neben Freizeityachten viele Sardinenkutter. Dahinter beginnt ein feiner, vier km langer Sandstrand. FKK-Freunde bevorzugen den von Dünen und Pinienwald begrenzten schönen ★ Sandstrand zwei km südlich. *Auskunft: Office de Tourisme, 44 420 La Turballe, Tel. 40 23 32 01.* (O)

# NANTES

Die ehemalige Haupt- und Herzogsstadt (247 000 Ew.) der Bretagne gehört heute zum Département Loire-Atlantique und liegt 50 Kilometer von der Küste an der Loire. Mit ihrem schönen Stadtbild, das von zahlreichen historischen Bauten aus der Zeit der bretonischen Herzöge geprägt wird, und der lebendigen Atmosphäre als kulturelles und wirtschaftliches Zentrum der Region ist Nantes ein lohnendes Ziel. Im 16. und 17. Jahrhundert wurde Nantes durch Zucker- und Sklavenhandel (bezeichnet als Handel mit »Ebenholz«) reich. Heute sind die Industriezweige Lebensmittel- und Metallverarbeitung, Elektronik und Luftfahrt von Bedeutung. Als Vorhafen dient St-Nazaire mit seinen modernen Anlagen, darunter den größten Werften Frankreichs. (C 1)

(C 1)

### Château des Ducs de Bretagne

In dem stattlichen und wehrhaften Schloß wurde 1598 von Heinrich IV. das Edikt von Nantes unterzeichnet, das der Hugenottenverfolgung ein Ende setzte. Der gotische Bau mit seinen mächtigen Mauern und Rundtürmen stammt von 1466 und wurde im 16. Jahrhundert im Stil der Renaissance erweitert. Außer den Baulichkeiten selbst sind das in der Grand Logis untergebrachte Musée des Arts Décoratifs, das Musée d'Art Populaire und das Musée de la Marine oder des Salorges mit ihren ausgezeichneten Sammlungen sehenswert *(alle tgl. 10–12 und 14–18 Uhr)*.

### Ile Feydeau

Zwischen 1926 und 1938 wurde die nördliche Schleife der Loire aufgefüllt, so daß die ehemalige Insel inzwischen mit der Innenstadt zusammenhängt. Erhalten hat sich aber der Charakter des 18. Jahrhunderts in diesem Stadtteil, wo stattliche Reederwohnsitze mit Innenhöfen noch heute an den Reichtum der alten Bewohner erinnern.

### Kathedrale Saint-Pierre

Die stattliche Kathedrale mit zwei 63 m hohen Türmen wurde 1434 begonnen und erst 1893 vollendet. Eindrucksvoll wie das Äußere auch das rein gotische Innere; die Gewölbe der drei Schiffe übertreffen mit 37,5 m Höhe sogar jene von Notre Dame in Paris. Im rechten Querschiff befindet sich das Grab Franz' II., des letzten bretonischen Herzogs, ein Meisterwerk der Renaissance. Es wurde 1502 bis 1507 von dem bretonischen Künstler Michel Colombe geschaffen (Führungen durch das Office de Tourisme).

*Rekordverdächtig: An der Kathedrale von Nantes wurde 459 Jahre gebaut*

### Palais Dobrée

Neoromanischer Palast, der im 19. Jahrhundert von dem Reeder und Kunstsammler Thomas Dobrée erbaut wurde. Im Innern Möbel, Gemälde, Wandteppiche, Porzellan sowie Sammlungen zum Thema »Voyages à la Chine«. *Place Jean V, tgl. 10–12 und 14–18 Uhr*

### Musée des Beaux Arts

Eines der größten Kunstmuseen Frankreichs mit Sammlungen vom 13. Jahrhundert bis zur Gegenwart, vor allem der alten holländischen, flämischen und italienischen Meister, der französischen Schule des 19. Jahrhunderts und moderner Künstler von Dufy über Picasso, Chagall und Soulages bis Tinguely. *10, Rue Georges Clémenceau, tgl. 10 bis 12 und 13—17.45 Uhr*

### Musée Jules Verne

An den 1828 in Nantes geborenen Schriftsteller und seine utopischen Abenteuerromane erinnern die Sammlungen von alten Fotografien, Illustrationen und Buchausgaben, aber auch Möbel und andere persönliche Gegenstände von Jules Verne. *3, Rue de l'Hermitage, tgl. 10—12 und 14—17 Uhr*

### Musée de la Poupée des Jouets Anciens

Reizendes Puppen- und Spielzeugmuseum; vornehmlich aus der Zeit zwischen 1830 und 1930. *39, Bd. St-Aignan, tgl. 14.30—17.30 Uhr, Mitte Sept. bis Mitte Okt. geschl.*

## RESTAURANTS

### Auberge du Château

Eine Adresse für Liebhaber von regionalen und Fischspezialitäten in gepflegt-rustikalem Rahmen. *5, Pl. Duchesse Anne, Tel. 40 74 05 51, So, Mo und Aug. geschl., Kategorie 2*

### La Cigale

Typische Brasserie im Stil der Jahrhundertwende, besonders zu empfehlen sind neben dem *plateau de fruits de mer* die zahlreichen Fischgerichte. *4, Pl. Graslin, Tel. 40 69 76 41, Kategorie 3*

### Le Pressoir

Auf der Speisekarte stehen Spezialitäten wie Kalbskopf mit Kräutermayonnaise und Zander

mit zerlassener Butter. Man lädt zu Weinproben ein. *11, Allée Turenne, Tel. 40 35 31 10, Sa—Mo und Aug. geschl., Kategorie 2*

### Torigai

Eine Feinschmeckeradresse. Besonders schön sitzt man auf der Terrasse. *Ile de Versailles, Tel. 40 37 06 37, Mitte Aug.—Anf. Sept. geschl., Kategorie 1*

## EINKAUFEN

Die Märkte bieten die ganze Vielfalt regionaler Produkte und sind mit ihrem lebhaften Treiben immer einen Besuch wert. Der älteste Markt, auf der *Place du Bouffay*, wird bereits seit dem 16. Jahrhundert abgehalten. Der bedeutendste ist der *Marché de Talensac* im Norden der Innenstadt, bei der Kirche St-Similien. *Beide Märkte täglich außer montags*

## HOTELS

### Hôtel de la Duchesse Anne

Zentral gegenüber dem Château gelegenes, komfortables Stadthotel mit Restaurant. *3/4, Pl. Duchesse Anne, Tel. 40 74 30 29, 75 Zi., Kategorie 2/3*

### Hôtel de Paris

Vollständig renoviertes Haus mit komfortablen Zimmern in zentraler Lage. *2, Rue Boileau, Tel. 40 48 78 79, 50 Zi., Kategorie 2/3*

### Pullman Beaulieu

Eins der besten Häuser am Platz in schöner Lage auf der Loire-Insel Beaulieu nahe dem Zentrum. Ansprechende Zimmer, Feinschmeckerrestaurant und Bar. *3, Rue Docteur Zamenhof, Tel. 40 89 69 14, 150 Zi., Kategorie 1/2*

Treffpunkte am Abend sind die vielen stimmungsvollen Terrassencafés in der Innenstadt und die Cafés-Concerts wie *Le Pub Univers, 16, Rue Jean-Jacques Rousseau, Café le Masque, 9, Allée de l'Erdre* oder *Le Tie Break, 1, Rue des Petites Écuries.*

## AUSKUNFT

### Office de Tourisme
*Pl. du Commerce, 44 000 Nantes, Tel. 40 47 04 51*

## ZIELE IN DER UMGEBUNG

### Château Goulaine
Dieses am weitesten westlich gelegene Loireschloß im Weinbaugebiet Muscadet wurde 1480 bis 1495 von Christophe de Goulaine, Kammerherr Ludwigs XII. und Franz' I. erbaut und wird noch von derselben Familie bewohnt. Reich dekorierte Räume mit altem Mobiliar. In einer *volière à papillons* umschwirren rund 200 exotische Schmetterlinge Büsche und Blumen. *Mi–Mo 14–18 Uhr.* (D 1)

### Château Machecoul
Im Pays Retz, dem Landstrich südwestlich von Nantes bis zur Côte de Jade, liegt Machecoul, eine der Burgen des Gilles de Rais, der als »Rittter Blaubart« in die Geschichte einging. Einst ein Waffengefährte von Jeanne d'Arc und Marschall von Frankreich, wurde Gilles de Rais zum Massenmörder unschuldiger Knaben und 1440 hingerichtet. Château Machecoul ist Ruine und daher nur von außen zu besichtigen. (B 2)

### Clisson
Südöstlich von Nantes malerisch am Zusammenfluß von Sèvre Nantaise und Moine gelegenes Städtchen (5000 Ew.). Der überraschend italienische Eindruck seiner Architektur geht auf den Wiederaufbau um 1800 zurück, nachdem Clisson sechs Jahre zuvor von Revolutionären, den »colonnes infernales«, in Brand gesetzt worden war. Die imposanten *Ruinen des Château* sind zu besichtigen, *Mi–Mo 9.30–12 und 14–18 Uhr.* (D 2)

### Collines Vendéennes
⚜ Ein reizvolles Ausflugsgebiet südöstlich von Nantes mit Höhen wie Mont des Alouettes (231 m), Puy Crapaud (270 m), Mont Mercure (285 m), von denen man Aussichten bis zum Meer und ins Loiretal genießt. (E 2–3)

### Saint-Michel-Mont-Mercure
Auf einem der Gipfel der Collines Vendéennes gelegenes Dorf (1800 Ew.) rings um die dem heiligen Michael geweihte Basilika von 1898. ⚜ Von dem Turm bietet sich ein großartiges Panorama. (E 3)

### Saint-Philbert-de-Grand-Lieu
Von der um 815 von Mönchen der Ile de Noirmoutier gegründeten Abtei ist die Kirche erhalten. Sie gilt als eins der seltenen Beispiele karolingischer Architektur und wurde im 19. Jahrhundert nur geringfügig verändert. Im majestätischen Innern mit Säulenreihen und Mauern aus Stein sowie Ziegeln ein Marmorsarkophag aus dem 7. Jahrhundert mit den Gebeinen des heiligen Philibert. (C 2)

# Sonne, Sand und Salz

*2600 Sonnenstunden und die schneeweißen Salzgärten geben der »Küste des Lichts« ihren Namen*

Côte de Lumière, Küste des Lichts, heißt der Abschnitt der Atlantikküste zwischen Ile de Noirmoutier und Girondemündung. Hier liegen außer großen Seebädern wie dem eleganten Sables-d'Olonne und dem ebenso attraktiven Royan zahlreiche kleinere, erholsame Badeorte. Von der schönen, alten Hafenstadt La Rochelle heißt es, daß sie als Badeplatz derzeit »in« sei. Im Gegensatz zur im Sommer überlaufenen Côte d'Azur sind die Badeplätze an der Côte de Lumière noch erfrischend natürlich und erschwinglich. Feine, kilometerlange Sandstrände wechseln mit Felsküste, an der versteckte Sandbuchten auf den Sonnenanbeter warten. Dünen, von Pinienwäldern bedeckt oder unterbrochen, gliedern den Küstensaum. Sogar eine Corniche findet sich hier: die Corniche Vendéenne, drei Kilometer lang, zwischen Saint-Gilles-Croix-en-Vie und Saint-Hilaire-de-Riez.

*Die größte Atlantikinsel, Oléron, lockt mit kilometerlangen Stränden und einem fast mediterranen Klima*

Die atlantische Felsküste ist zwar nicht so steil und fashionable wie die Grande Corniche bei Nizza, an Sonnenschein übertrifft sie jedoch mit statistisch 2600 Sonnenstunden pro Jahr noch die mediterrane Schwester. Damit ist die Küste der Vendée (so der Name des Departements) gleichzeitig die sonnenreichste Ecke der Atlantikküste. Insgesamt 150 Kilometer feiner Sandstrand säumen die Côte de Lumière. Während die Badegäste am Strand bräunen, kristallisiert sich schneeweiß das Salz des Meerwassers in den »Salzgärten« der *marais salants* um La Rochelle und Sables-d'Olonne. Inselliebhaber haben mit der Ile de Noirmoutier, der Ile d'Yeu oder der Ile de Ré Ziele von ganz spezifischem Reiz. Einerseits rollen an den zum offenen Atlantik gelegenen Küsten und Stränden die Wellen meterhoch heran, andererseits sind die vor Wind und Wellen geschützten Buchten geradezu mediterrane Idyllen. Ein besonderes Erlebnis ist auch eine Bootsfahrt auf den Kanälen des ehemaligen Sumpfgebietes Marais Poitevin nördlich von La Rochelle, wie überhaupt das Binnenland von Vendée und Charente-Maritime zu Ausflügen lockt. Die Entdeckungen, die Sie da erwarten, sind keine großen Sensationen, eher stiller Art. Kann man sich besser erholen?

## LA ROCHELLE

★ Anders als die großen Seebäder der Kanal- und Atlantikküste ist La Rochelle (78 000 Ew.) vor allem eine – besonders schöne – alte Hafenstadt, die als Zentrum des Departements Charente-Maritime nicht bloß von und für Touristen lebt. Der Andrang im Sommer ist allerdings beträchtlich. Es kam sogar schon vor, daß der Badestrand geschlossen werden mußte, weil zu viele Badegäste gekommen waren, was den Austernbänken abträglich war. Doch alles in allem ist nicht der Strand die Hauptattraktion von La Rochelle, sondern der malerische Vieux Port, die schöne Altstadt mit ihren Arkadengängen, viele gute Restaurants, interessante Museen und die schöne Strandpromenade Mail nebst Yachthafen. Daß La Rochelle »in« ist, verdankt die Stadt besonders der nahen Ile de Ré, einem Badeparadies, das Insider gern als »St-Tropez« der Atlantikküste bezeichnen. (C–D 6)

### BESICHTIGUNGEN

### Altstadt

Mittelpunkt der Altstadt ist das schöne Rathaus (Hôtel de Ville), ein Renaissancebau von 1595 bis 1606. Stattliche, alte Bürgerhäuser geben der Altstadt ihr festliches Gepräge, besonders schön die aristokratischen Straßenzüge

der Rue de l'Escale und der Rue Réaumur westlich der Hauptgeschäftsstraße Rue Chaudrier/Rue du Palais mit ihren stimmungsvollen Arkadengängen, die von der verkehrsreichen Place de Verdun zum Hafen führt. In der stillen Rue de l'Escale stehen die vornehmen, von hohen Steinmauern umgebenen Bürgerhäuser der alteingesessenen, oft protestantischen Familien. Sehenswert auch die prächtige Maison Henri II. in der Rue Bazoges, erbaut um 1555 für Hugo de Pontard, Seigneur de Champdeniers.

### Parc Charruyer

Schöne, zwei km lange Parkanlage entlang der alten Befestigungswälle und -gräben mit kleinem Fluß und schattigen Wegen am westlichen Stadtrand, die zum Meer hin durch die Mail fortgesetzt wird, den Lieblingsspaziergang der Einwohner. Zwischen Mail und Meer wiederum liegen die terrassierte Garten des Kasinos und der Parc d'Orbiny.

### Porte de la Grosse Horloge

Der mächtige, im 18. Jh. umgebaute gotische Torturm mit einer Bekrönung von 1746 führt auf den Alten Hafen.

### Tour de la Chaîne

Der große runde Turm (14. Jh.) auf der Westseite der Hafenausfahrt hat seinen Namen nach der Kette, mit der im Mittelalter der Hafen zur Nachtzeit abgesperrt wurde. Er diente früher als Pulvermagazin. Im Innern ein schöner Gewölbesaal mit einem Reliefplan des alten La Rochelle. *Mitte Juni–Mitte Sept. tgl. 10–12 und 14–19 Uhr*

## Tour de la Lanterne

Der mächtige Turm an der Stadtmauer beim Vorhafen wurde 1445–76 als Leuchtturm errichtet. Alte Graffiti erinnern daran, daß er im 17. und 18. Jh. als Gefängnis diente. In halber Höhe befindet sich eine ⚑ Plattform, von der sich ein weiter Blick bietet. *9.30–18.30 Uhr*

## Tour St-Nicolas

⚑ Der festungsartige, achteckige Turm an der Ostseite der Hafenausfahrt wurde im 14. Jh. erbaut und ist 42 m hoch. Schöne Aussicht von der oberen Plattform. Besichtigung der Säle mit Ausstellung zur Geschichte des Hafens. *Mi–Mo 9.30–18.30 Uhr*

**MUSEEN**

## Musée des Beaux Arts

In einem Teil des ehemaligen bischöflichen Palastes sind die umfangreichen, kostbaren Gemäldesammlungen mit Werken von Lucas Giordano, Corot, Doré, Fromentin und anderen untergebracht. *28, Rue Gargoulleau, Mi bis Mo 14–18 Uhr*

## Musée Grévin

Tableaus mit historischen Gestalten, von Eleonore von Aquitanien bis Richelieu, illustrieren die wechselvolle Geschichte der Stadt. *38, Cours des Dames (Vieux Port), tgl. 9–19 Uhr, im Sommer 9 bis 23 Uhr*

# MARCO-POLO-TIPS FÜR DIE CÔTE DE LUMIÈRE

**1 Treffpunkt La Rochelle**
In der alten Hafenstadt ist jeder Sommertag ein Fest (Seite 42)

**2 Ile de Ré**
Insider nennen die Insel »St-Tropez der Atlantikküste« (Seite 48)

**3 Marais Poitevin**
Bootsfahrt auf Kanälen durch ein grünes Idyll (Seite 48)

**4 Les Sables-d'Olonne**
Sportliche Eleganz ist das Markenzeichen des schönen Seebades (Seite 52)

**5 Ile de Noirmoutier**
Die Plages des Dames sind der schönste Badeplatz der reizvollen Insel (Seite 55)

**6 Saint-Jean-de-Monts**
Ein Familienbadeort mit breitem Wassersportangebot (Seite 57)

**7 Ile d'Yeu**
Die Insel ist mediterran und ursprünglich zugleich (Seite 56)

**8 Corniche de Pontaillac**
Einer der Trümpfe des großen Seebades Royan ist die Felsenküste (Seite 49)

**9 Forêt de la Coubre**
Ein Pinienwald an der Küste, der seinesgleichen sucht (Seite 51)

**10 Talmont**
Ausflug zu der großartig am Girondeufer gelegenen alten Kirche (Seite 51)

### Musée Lafaille

Der aus La Rochelle gebürtige Naturwissenschaftler Clément Lafaille stellte die authentisch bewahrte, in Europa einzigartige Sammlung des 18. Jhs. mit ethnologischen und naturkundlichen Stücken zusammen. *Eingang Jardin des Plantes, tgl. 10–12 und 14 bis 18 Uhr*

### Musée Maritime

Auf dem ehemaligen Wetterschiff France I sind eine Wetterstation, Fischereiausstellung und Schiffsmaschinen zu besichtigen. *Bassin à flot, südl. Vieux Port, tgl. 10–18.30 Uhr*

### Musée du Nouveau Monde

An der Besiedlung der Neuen Welt, vor allem von Kanada, waren die Franzosen maßgeblich beteiligt. In den prächtigen Sälen des Hôtel de Fleurian ist diese Epoche umfassend dokumentiert. *Rue Gargoulleau, Mi–Mo 10.30–18.30 Uhr*

### Musée d'Orbigny-Bernon

Sammlungen zur Geschichte von La Rochelle, z. B. die Belagerung der Stadt 1627/28 durch königliche Truppen unter Kardinal Richelieu. *2, Rue Saint-Côme, tgl. 10–12 und 14–18 Uhr, So-Vormittag geschl.*

## RESTAURANTS

### Bistro de l'Entracte

Schlager des netten Bistros ist ein Viergängemenü zu günstigem Preis. *22, Rue Saint-Jean-du-Pérot, Tél. 46 50 62 60, Kategorie 2/3*

### Le Prince Albert

Kleines Familienrestaurant mit guter Küche beim Jardin des Plantes. Besonders zu empfehlen das Menü mit dem Fisch des Tages; freundliche Bedienung. *58, Rue Albert 1er, Tél. 46 41 06 60, Kategorie 2/3*

### Richard Coutanceau

Das beste Restaurant der Stadt. Der Meisterkoch Richard Coutanceau bietet seinen Gästen phantasievoll zubereitete Leckereien. Die Lage nimmt ebenfalls ein: Blick auf Meer, Strand und die Hafeneinfahrt des Vieux Port. *Plage de la Concurrence, Tél. 46 41 48 19, Kategorie 1/2, So- und Mo-Abend geschl.*

### La Toque Blanche

Unter den vielen Restaurants des Viertels eine wirklich gute Wahl. Phantasievolle, dabei gediegene Küche, günstige Preise und eine nette Bedienung. *39, Rue St-Jean-du-Pérot, Tél. 46 41 60 55, Kategorie 2/3*

### Yachtman

Mit Aussicht auf den Vieux Port und seine beiden Türme läßt man sich hier ein gutes Fischmenü munden. *Quai Valin, Tél. 46 21 20 68, Kategorie 3*

## EINKAUFEN

Unter den Arkaden der Rue Chaudrier und Rue du Palais liegen die hübschen Geschäfte eins neben dem anderen. Auch in den anderen Straßen der schönen Altstadt ist der Schaufensterbummel lustbetont.

## HOTELS

### Atlantic

Einfach und angenehm, dabei sehr zentral beim Vieux Port gelegen. *23, Rue Verdière, Tel. 46 41 16 68, 26 Zi., Kategorie 3*

## Les Brises

Hier wohnt man privilegiert. Das gilt für die angenehme Atmosphäre des Hauses wie den Komfort und nicht zuletzt die Lage: Beim Strand de la Concurrence, mit Blick aufs Meer, aus dem sich die Ile de Ré und Ile d'Oléron heben. *Chemin Digue Richelieu, Tel. 46 43 89 37, 48 Zi., Kategorie 1/2*

## France-Angleterre et Champlain

Das besonders komfortable Hotel liegt zwar nicht in Meeresnähe, hat dafür aber neben schöner Innenausstattung einen hübschen Garten. *Rue Rambaud, Tel. 46 41 34 66, 33 Zi., Kategorie 2*

## St-Jean d'Acre

Beim Vieux Port und der Tour de la Chaîne gelegen. Mit etwas Glück ergattert man ein Zimmer mit Hafenblick. *4, Pl. Chaîne, Tel. 46 41 73 33, 57 Zi., Kategorie 2*

## Tour de Nesle

Eine gute Adresse, wenn man ein preisgünstiges Quartier beim Vieux Port sucht. *2, Quai L. Durand, Tel. 45 41 05 86, 31 Zi., Kategorie 3*

*Viele halten La Rochelle für die schönste Stadt an der Atlantikküste*

## SPIEL UND SPORT

La Rochelle hat einen großen Yachthafen mit Club und Segelschule. Windsurfen und andere Wassersportarten an der *Plage de la Concurrence* und im nahen *Châtelaillon-Plage*.

## AM ABEND

Lebhaft, fast mediterran geht es am Abend in der Altstadt und am Vieux Port zu, wo ein Restaurant neben dem anderen liegt. Für Einsätze beim Glücksspiel und zum Diskobesuch fährt man ins Kasino *Palais de l'Atlantique, Châtelaillon-Plage*.

## AUSKUNFT

### Office de Tourisme
*10, Pl. Petite Sirène, 17 000 La Rochelle, Tél. 46 41 14 68*

## ZIELE IN DER UMGEBUNG

### Abbaye-de-Maillezais
Altes Dorf mit den Ruinen eines romanischen Klosters. Neben der Kirche mit romanischem Chor und gotischem Schiff sind andere alte Klostergebäude erhalten, in denen verschiedene Säle wie Refektorium, Dormitorium und Küche lagen. In dem Dorf erinnert man sich an Rabelais, der hier Ende des 16. Jhs. weilte. Außer dem Kloster ist die romanische Kirche des Ortes sehenswert. (E 5)

### Brouage
Einst Rivalin von La Rochelle, ist die von mächtigen Bastionen eingefaßte ehemalige Hafenstadt bei Rochefort heute geisterhaft still und menschenleer. (B 7)

### Châtelaillon-Plage
🔴 Schöne Badegelegenheit ist hier an einem vier km langen, prächtigen Strand gegeben. Von der ⚜ Promenade geht der Blick bis zur Ile d'Oléron. Der Badeort (5500 Ew.) hat mehrere Hotels und das Kasino Le Palais de l'Atlantique mit Restaurant, Diskothek und Spielsälen. *Hotels: Les Trois Iles, in La Falaise, Tél. 46 56 14 14, 61 Zi., Kategorie 2; St-Victor, 35, Bd. de la Mer, Tél. 46 56 25 13, 12 Zi., Kategorie 3; Auskunft: Office de Tourisme, 17 340 Châtelaillon-Plage, Tél. 46 56 26 97.* (D 6)

### Esnandes
Der Ort ist für seine Muschelzucht bekannt. Eine Spezialität der Region ist *mouclade*, Muscheln in Weißwein mit Sahne und Eigelb gebunden. Sehenswert die romanische Kirche mit schönem Portal. In der *Maison de la Mytiliculture* ist die Geschichte der Muschelzucht dargestellt. *Juli, Aug. 10–12.30 und 14.30–19 Uhr, Mo geschl.* (D 5)

### Fouras
Ein kleiner Familienbadeort (3300 Ew.) und Fischerhafen nahe der Charentemündung. Im Château mit Befestigungen von Vauban und einem Donjon (Hauptturm) des 15. Jhs. ist ein kleines, interessantes Heimatmuseum untergebracht. Von der Höhe des Turms bietet sich ein umfassendes ⚜ Panorama; der Blick geht bis La Rochelle. Am Hauptstrand Sémaphore verläuft die schöne, aussichtsreiche ⚜ Promenade des Sapinettes. Drei km nordwestlich kommt man zur Pointe de la Fumée (Fähre zur Ile d'Aix), wo sich bei-

derseits der Halbinsel Austernbänke hinziehen. *Hotel: Roseraie, Av. Port-Nord, Tel. 46 84 64 89, 20 Zi., Kategorie 2/3; Auskunft: Office de Tourisme, 17450 Fouras, Tel. 46 84 60 69.* (D 6)

## Ile d'Aix

Die nur drei km lange, platte Insel mit ihrem milden Klima wurde wegen ihrer strategisch günstigen Lage von Vauban befestigt. In dem einzigen Inselort mit seinen Bastionen leben nur 173 Einwohner. Auf Aix verbrachte Napoleon vor der Reise ins Exil auf St. Helena seine letzten Stunden auf französischem Boden. Im *Musée Napoléonien, tgl. Führungen von 10—11.30 und 14—17.30 Uhr,* erinnern das Zimmer Napoleons und Dokumente an das historische Ereignis. Die Überfahrt von der Pointe de la Fumée dauert 25 Minuten. (C 6)

## Ile d'Oléron

Mit einer Fläche von 180 qkm ist Oléron (16 000 Ew.) nach Korsika die größte französische Insel. Eine 3027 m lange Hochbrücke (Gebühr), die längste Frankreichs, verbindet sie mit dem Festland. Mehrere schöne, von Dünen gesäumte Sandstrände, Wald und ländliche Stille machen die im übrigen flache Insel zu einem Sommerparadies. Hauptort und administratives Zentrum ist Saint-Pierre-d'Oléron (4700 Ew.) in der Mitte der Insel. Auf der Place Camille-Memain steht die 30 m hohe Lanterne des Mors, die nach der englischen Besetzung im 13. Jh. errichtet wurde. Sehenswert auch das *Musée oléronais Aliénor-d'Aquitaine, 23, Rue Pierre Loti*, mit kulturhistorischen Sammlungen und einer lokalen Küche. *Tgl. 10—12 und 14—18 Uhr.* Stimmungsvoll ist auch das winzige, von Festungsmauern umgebene Hafenstädtchen Château-d'Oléron (3400 Ew.). ❂ Die *Festung* (schöne Aussicht) ist zu besichtigen; *tgl. April—Ende Sept. Führungen 9.15—12.30 und 14.30—18.30 Uhr. Hotel: France, Tel. 46 47 60 07, 11 Zi., Kategorie 3; Restaurants: La Campagne, Tel. 46 47 25 42, Kategorie 2; Le Moulin du Coivre, Tel. 46 47 44 23, Kategorie 2/3.*

Der Hauptbadeort der Insel heißt St-Trojan-les-Bains (1500 Ew.). Das milde Klima läßt eine fast mediterrane Flora gedeihen, die Villen liegen verstreut in einem schönen Kiefernwald, der sich über 2000 ha an der Südspitze von Oléron erstreckt und bis 36 m hohe Dünen bedeckt. Es gibt ein Institut für Thalassotherapie und mehrere gute Hotels *(L'Albatros, Tel. 46 76 00 08, 13 Zi., Kategorie 3, Les Cleunes, Tel. 46 76 03 08, 49 Zi., Kategorie 2)* sowie Campingplätze.

Man hat die Wahl zwischen mehreren schönen Sandstränden. Bei St-Trojan-les-Bains liegen: *Grande-Plage*, drei km westlich an der Côte Sauvage, wo meist starke Brandung herrscht; *Plage de Gatseau*, vier km südwestlich, geschützt. Bei *Boyardville*, an der geschützteren Ostseite: acht km Sandstrand, von Dünen und Kiefernwald gesäumt.

Einen schönen Strand hat auch der freundliche Fischer- und Badeort La Cotinière an der Westküste *(Hotel: Face aux Flots, Tel. 46 47 10 05, 20 Zi., Kategorie 2, Restaurant: L'Ecailler, 65, Rue du Port, Tel. 46 47 10 31, Kategorie 2/3).* Wie an der nördlich gelegenen Plage des Sables Vigniers oder an der südlichen Plage de Vert-Bois ist das Meer hier oft unruhig, und der Wind bläst kräftig. *Auskunft: Office de Tourisme, 17370 St-Trojan-les-Bains, Tel. 46 76 00 30.* (B 7/C 6)

### Ile de Ré

★ Fast exotisch wirkt die von langen, feinen Sandstränden umgebene Insel vor La Rochelle. In den blumengeschmückten Dörfern mit schmalen Gassen und niedrigen, weißen Häusern glaubt man sich in mediterrane Breiten versetzt. Dazu trägt nicht zuletzt auch das transparente Licht bei, das die Künstler ebenso anlockt wie die Sommergäste. In der Badesaison steigt die Einwohnerzahl von 11 000 um ein Vielfaches. Eine knapp 3000 m lange Autobrücke (Gebühr) verbindet seit 1988 Ré mit dem Festland. Hauptort ist das stark befestigte Städtchen St-Martin-de-Ré (2600 Ew.) mit einem lebhaften, kleinen Hafen, von wo die Schiffe im 17. Jh. nach Kanada und zu den Antillen ausliefen. Beim Rundgang auf den Bastionen hat man einen schönen ◆ Blick auf Stadt und Meer. Die Zitadelle (1681) kann leider nicht besichtigt werden. *Hotel: Le Galion, Allée Guayane, Tel. 46 09 03 19, 31 Zi., Kategorie 2.*

Im Norden der Insel liegen beim Ort Ars-en-Ré ausgedehnte *marais salants* (Salinen) und der *Phare des Baleines,* ein 55 m hoher ◆ Leuchtturm (Aussicht!); *tgl. 10–12 und 14–18 Uhr.*

Die Strände von Rivedoux-Plage und La Flotte, zwei kleinen Badeorten an der Südostseite, sind gegen Westwinde und hohe Wellen geschützt. Weite Sandstrände erstrecken sich an der Südwestküste zwischen Ste-Marie-de-Ré, Le Bois-Plage-en-Ré und La Couarde-sur-Mer, letzterer mit einem besonders schönen Strand zu Füßen kiefernbewachsener Dünen. Ein weiterer, besonders schöner Strand, auch für FKK, ist Conche des Baleines beim Leuchtturm Phare des Baleines. (C 5–6)

### Marais Poitevin

★ »Venise verte«, grünes Venedig, nennt man die sich in Tausende von Wasserarmen verzweigende, ausgedehnte Sumpflandschaft nordöstlich von La Rochelle. Mit den flachen, schwarzen Booten der Einwohner gleitet man auf den pappel- und weidengesäumten Kanälen des Marais durch die nur vom Platschen der Ruder und Vogelgezwitscher unterbrochene Stille dieser faszinierenden Wasserwelt. Ausgangsorte der Bootsfahrten sind Coulon und Damvix westlich von Niort. (D–E 5)

### Rochefort

Die schön an der Charente, 15 km vor der Mündung ins Meer gelegene alte Hafenstadt (12 000 Ew.) zeigt noch den rechtwinkligen Grundriß des im 17. Jh. von Colbert als Marinestützpunkt angelegten Straßennetzes der Altstadt. Rochefort wird für Thermalkuren aufgesucht, im übrigen kann man leicht einen Tag mit Besichtigungen verbringen: Von Colbert stammt noch die imposante Corderie Royale, die königliche Seilmacherei, in der auch das *Centre International de la Mer* untergebracht ist; *tgl. 9–19 Uhr, im Juli und Aug. bis 22 Uhr.* Sehenswert ist auch die *Maison de Pierre Loti, 141, Rue Pierre-*

*Loti, tgl. 10–12 und 14–17 Uhr,* exotisch eingerichtet mit Souvenirs des weitgereisten, in Rochefort 1850 geborenen Schriftstellers. Im *Musée de la Marine, Hôtel de Cheusses, tgl. 10–12 und 14–18 Uhr,* ist die große Zeit des Schiffsbaus von Rochefort mit Modellen, Galionsfiguren u.a. dargestellt. *Hotels: Arcade, 1, Rue Bégon, Tel. 46 99 31 31, 44 Zi., Kategorie 2/3; La Corderie Royale, Rue Audebert, Tel. 46 99 35 35, 50 Zi., Kategorie 1; Restaurant: Marie Galante (Spezialität Fischgerichte), 15, Rue Lesson, Tel. 46 87 46 24, Kategorie 3, So und Mo geschl.* (C 7)

# ROYAN

An der über zwei km langen, geschwungenen Sandbucht Grande Conche erstreckt sich die Meeresfront des Seebades Royan (18 000 Ew.). Da der alte Stadtkern im Zweiten Weltkrieg fast ganz zerstört wurde, ist Royan heute eines der modernsten und feinsten Seebäder Frankreichs. Hinzu kommt die großartige Lage an dem Côte de Beauté genannten Küstenabschnitt nördlich der Girondemündung. Weite Sandstrände vor herrlichem Kiefernwald wechseln mit geschützten Felsbuchten ab. Was Sport- und Freizeitmöglichkeiten betrifft, läßt man es in Royan an nichts fehlen. Groß ist auch das Angebot an Hotels, Ferienwohnungen und -häusern sowie schön gelegenen Campingplätzen in der Umgebung. (B 8)

### Corniche de Pontaillac

★ Westlich des Stadtzentrums zieht sich die schöne Küstenstraße bis zum felsumrahmten Badestrand von Pontaillac mit hübschen alten Villen hin.

### Église Notre-Dame

Moderner, eigenwilliger Betonbau (1955–58). Das weite, lichte Schiff variiert in der Höhe: 28 bis 36 m. Unter der Tribüne eine moderne Kupferstatue der Jeanne d'Arc und eine Holzskulptur des heiligen Joseph (14. Jh.).

### La Jabotière

Mittags wird das Essen im Freien auf der Terrasse serviert, am Abend speist man im schönen Saal mit Blick aufs Meer. Die phantasievolle Küche kommt ohne Schnickschnack aus. *Pontaillac, beim Kasino, Tel. 46 39 91 29, Kategorie 2/3*

### Le Squale

Hier ißt man gut und preiswert. Angenehme Atmosphäre. *102, Av. Semis, Tel. 46 05 51 34, Do geschl., Kategorie 3*

### Les Acacias

Meeresblick hat man von dem kleinen Familienhotel nah am Strand. Nette Zimmer. *6, Pl. Foch, Tel. 46 05 27 18, 10 Zi., Kategorie 3*

### Armor

Das kleine Hotel liegt nur wenige Minuten Gehabstand vom Strand im Zentrum von Royan. *8, Av. de la Grande Conche, Tel. 46 05 26 52, 9 Zi., Kategorie 3*

### Belle Vue

Glücklich, wer ein Zimmer mit Meeresblick erwischt. Hübsch

im Vorort Pontaillac gelegen. Zum Strand ist's nur ein Katzensprung. *122, Av. de Pontaillac, Tel. 46 39 06 75, 31 Zi., Kategorie 2/3*

## Hotel Restaurant du Casino
Nur wenige Zimmer, teils mit Meeresblick, und den Strand vor der Tür. *62, Front de Mer, Tel. 46 38 53 20, 8 Zi., Kategorie 2*

## Farandole
Der Strand Grande Conche liegt vor der Tür; kleines, gemütliches Familienhotel. Privatparkplatz. *62, Bd. Garnier, Tel. 46 05 11 72, 14 Zi., Kategorie 3*

**SPIEL UND SPORT**

Neben dem mehr als zwei km langen Strand Grande Conche liegen schöne, kleine Sandsträn-de in den Felsbuchten des Vororts Pontaillac. Ein *Meereswasser-Freibad* findet sich an der *Esplana-de de Foncillon.* In *St-Palais-sur-Mer* gibt es einen *18-Loch-Golfplatz* und ein *Reitcenter.*

**AM ABEND**

Im *Casino, Plage de Pontaillac,* trifft man sich beim Glücksspiel. Elegante Pianobars sind *Mylord, Voûtes du Port; Chez Micheline, Rue des Bians; Crystal, Bd. Briand* und *Yachtman, Voûtes du Port.* Ein Treffpunkt der Jugend ist die *Disko Tropica im Kasino.*

**AUSKUNFT**

**Office de Tourisme**
*Palais des Congrès, 17 200 Royan, Tel. 46 38 65 11*

*Wie ein Wachposten — die Kirche von Talmont über der Gironde-Mündung*

50

**ZIELE IN DER UMGEBUNG**

### Forêt de la Coubre

★ Praktisch an der gesamten Küste nördlich von Royan bis Marennes erstreckt sich auf 800 Hektar ein wunderschöner Pinienwald, den Wanderwege erschließen. Eingebettet Ansiedlungen von schönen Ferienvillen wie Fontaine, Ronce-les-Bains und La Palmyre mit Badestränden, Campingplätzen und kleinen Hotels. (B 7–8)

### Mornac-sur-Seudre

Bei den Austernbänken von La Seudre gelegenes Dorf mit alter Wehrkirche. (B 8)

### Mortagne-sur-Gironde

Der kleine Hafen südöstlich von Royan am Gironde-Ufer besitzt nahebei die schöne Ermitage de Saint-Martial aus dem 3. Jh. (C 9)

### Nauzan

In der Nähe der windgeschützten Sandbucht Conche de Nauzan an der Felsenküste nördlich von Royan steht das schöne *Hotel Résidence de Rohan* in einem Park *(Tel. 46 39 00 75, 41 Zi., Kategorie 1).* (B 8)

### La Palmyre

Südlich des Pinienwaldes La Coubre liegt − ebenfalls in Pinien − der reizvolle Ferien- und Villenort (500 Ew.). *Hotel: Palmyrotel, Tel. 46 23 65 65, 46 Zi., Kategorie 2.* (B 8)

### Phare de Cordouan

Mitten in der Mündung der Gironde steht der alte Leuchtturm (16.−17. Jh.), der per Boot auf einem rund fünfstündigen Ausflug zu erreichen ist; interessante Architektur (eine Innenbesichtigung ist möglich). (B 8)

### Phare de la Coubre

☀ Mit seinen 80 km Reichweite ist er einer der stärksten Leuchttürme Frankreichs. Von oben hat man eine herrliche Aussicht. (B 8)

### Saint-Palais-sur-Mer

Eleganter Villen-Badeort nördlich von Royan. Schöner Strand, üppige Vegetation und ☀ großartiger Blick auf die Mündung der Gironde mit Phare de Cordouan von der Conche aus. Auf der Corniche gibt es einen Wanderpfad. *Auskunft: Office de Tourisme, 17420 St-Palais-sur-Mer, Tel. 46 22 11 09* (B 8)

### Saintes

Die sehr sehenswerte alte Stadt (27 500 Ew.) ist eine römische Gründung. Davon zeugen noch ein römischer Bogen (Arc de Germanicus), die Thermen und ein Amphitheater. Schöne Altstadt mit der Cathédrale St-Pierre, der Chapelle des Jacobines und dem guten Musée des Beaux-Arts sowie dem Musée Dupuy-Mestreau mit feinen Kunstsammlungen. (C 8)

### Saujon

In dem elf km nordöstlich von Royan gelegenen bekannten Thermalbad ist die Abbaye de Sablonceaux aus dem 13. Jh. sehenswert. (B 8)

### Talmont

★ Wie eine Festung erhebt sich hier auf einem hohen Mauersockel am Nordufer der Gironde die Église Ste-Radegonde aus dem 12. Jh. (B−C 8)

### La Tremblade

Das Dorf hat eine bedeutende Austernzucht, über die ein kleines *Museum* anschaulich informiert; *tgl. 15. Juni–15. Sept., 14.30–18.30 Uhr.* (B7)

### Zoo de la Palmyre

Wegen seiner natürlich wirkenden Szenerie auf zehn Hektar besonders sympathischer Zoo mit zahlreichen exotischen Tieren wie Nashorn, Löwe, Nilpferd, Pinguin u.a. *Tgl. Ostern–15. Sept. 9–19 Uhr, sonst 9–12 und 14–18 Uhr.* (B8)

## LES SABLES-D'OLONNE

★ In weitem Bogen ziehen sich am kilometerlangen Sandstrand die Hotels, Villen, Appartementhäuser samt Kasino hin. »Hier beginnt der Süden am Atlantik«, preist sich das bedeutendste Seebad (17000 Ew.) der Vendée an. Das ist nicht weit hergeholt, wenn man davon absieht, daß im Vergleich zum Mittelmeer die Wellen hier höher sind und das Wasser kühler (aber auch sauberer). Der Eindruck einer Stadt am Meer wird korrigiert, wenn man in die hinter der prächtigen, weißen Meeresfront gelegenen Viertel kommt. Hier ist Les Sables-d'Olonne fast dörflich geblieben. Vielfältig und auf dem neuesten Stand sind die sportlichen Möglichkeiten für alle Wassersportarten. (B4)

### La Chaume

Das alte, wiederhergestellte Viertel der Fischer mit kleinen Häusern und malerischen Ziegeldächern liegt nördlich zwischen dem Fort St-Nicolas und der Tour Arundel.

### La Corniche

Südlich des Strandes Remblai verläuft die Küstenstraße bis zum Puits d'Enfer, dem Höllenschacht, in dessen Tiefe die Brandung kocht.

### Église Notre-Dame-de-Bon-Port

Die Kirche mit spätgotischem Schiff wurde 1646 im Auftrag von Richelieu errichtet.

### Fischereihafen

✪ Lebhaft geht's hier zu, wenn die Fischer ihre Fänge anlanden. *Führungen Tel. 51 32 03 28*

*Auch ein Seebad wie Les Sables-d'Olonne hat seinen Fischerhafen*

## Parc Zoologique de Tanchet

Ein schön in Grün gebetteter, drei Hektar großer Tierpark mit exotischen und einheimischen Tieren am östlichen Stadtrand. *1. April–30. Sept. tgl. 9.30–19 Uhr*

## Prieuré St-Nicolas

Die stattliche, alte Kapelle aus dem 11. Jh. wurde 1779 mit Bastionen umgeben. ☀ Von hier hat man einen schönen Blick auf Strandbucht und Meer.

## Le Remblai

In sanftem Bogen zieht sich über drei km die Strandpromenade hin, vom großen Kasino im Westen mit Theater und Kongreßsaal bis zum zoologischen Garten im Osten. Elegante Hotels, Cafés, Appartementhäuser und Boutiquen säumen die lange Promenade.

## Tour d'Arundel

☀ Der Donjon, der Hauptturm, eines im 12. Jh. erbauten Schlosses dient heute als Leuchtturm. Von seiner Höhe überblickt man die gesamte Bucht (Orientierungstafel).

### MUSEUM

## Musée de l'Abbaye Ste-Croix

In der ehemaligen Benediktinerabtei sind Sammlungen zur Vorgeschichte und Kultur der Region untergebracht. *Tgl. 10–12 und 14.30–18.30 Uhr*

### RESTAURANTS

## Beau Rivage

Glücklich, wer einen Fensterplatz mit Strand- und Meerblick erwischt. Dann schmecken die ausgezeichneten Fischgerichte womöglich noch mal so gut. *40, Prom. Georges-Clemenceau, Tel. 51 32 03 01, Kategorie 1/2*

## Le Navarin

Außer Meerblick hat diese Brasserie eine große Speiseauswahl zu sehr akzeptablen Preisen. *18, Pl. Navarin, Tel. 51 21 11 61, Kategorie 3*

### EINKAUFEN

Feine Boutiquen finden sich an der Strandpromenade Le Remblai und den abzweigenden Straßen. Mehrere ✪ Märkte bieten alles für den täglichen Einkauf: *Halles Centrales, Rue des Halles, Marché Arago, Bd. Arago. Der Marché de la Chaume, Pl. Maraud, findet Di, Do und So statt; am Cours Dupont ist Mi und Sa von 7 bis 13 Uhr Jahrmarkt.*

### HOTELS

## Antoine

Kleineres, angenehmes Familienhotel in ruhiger Lage rund 300 m zum Strand und Kasino. *60, Rue Napoléon, Tel. 51 95 08 36, 19 Zi., Kategorie 2/3*

## Beau Rivage

Vorzug Nummer eins: unmittelbar an der Uferpromenade gelegen. Zugabe: exzellente Küche. Die Zimmer genügen auch gehobenen Ansprüchen. *40, Prom. Clemenceau, Tel. 51 32 03 01, 18 Zi., Kategorie 2*

## Le Calme les Pins

Das Hotel liegt nicht weit vom Strand und Thalassotherapie-Zentrum in ruhigem Viertel. *48, Av. Briand, Tel. 51 21 03 18, 31 Zi., Kategorie 2/3*

## Les Hirondelles

Gleich hinter der Strandpromenade gelegenes, komfortables, größeres Hotel mit Restaurant für die Gäste. *44, Rue Corderies, Tel. 51 95 10 50, 60 Zi., Kategorie 2*

## Mercure

Das große Hotel mit sehr komfortabler Einrichtung und Zimmern teils mit Meerblick liegt absolut ruhig am Lac de Tanchet im Grünen. Nebenan das Thalassotherapie-Zentrum. *Lac de Tanchet, Tel. 51 21 77 77, 100 Zi., Kategorie 1/2*

## Des Sables

Feines, kleines Hotel mit Atmosphäre, in stillem Villenviertel am östlichen Stadtrand. Zum Strand rund 300 m. *43, Rue Jean-Neau, Tel. 51 95 22 04, 15 Zi., Kategorie 2*

**SPIEL UND SPORT**

An der Grande Plage werden Zelte und Umkleidekabinen vermietet. Es gibt zwei Schwimmbäder: Promenade Godet und Promenade Lafargue »Piscine La Grenouille«. Nach Osten hin schließt sich La Plage de Tanchet an, die ebenfalls bewacht und mit Badezelten ausgestattet ist. Für Naturfreunde empfiehlt sich die 20 km lange Felsküste von La Chaume-La Paracou mit stillen Sandbuchten. Vier der Strände sind bewacht. Wassersport von Segeln über Windsurfen bis Speed-sail, einschließlich Verleih, bietet *La Base de Mer im Westen der Grande Plage, Tel. 51 21 16 50.* Im übrigen umfaßt das Angebot fast alle Sportarten von Aviation (Rundflügen) bis Volleyball.

**AM ABEND**

Bis nach Mitternacht herrscht im Sommer auf ✪ Le Remblai im Fußgängerbereich zwischen Kasino und Place Foch ein Korso, der an mediterranes Treiben erinnert. Es gibt eine Reihe guter Diskotheken. Beliebte Treffpunkte sind ♟ Le Number One im *Casino de la Plage, Prom. Joffre, Tel. 51 32 05 40,* und ♟ *Le Pub im Casino des Sports, Av. Rhin et Danube, Tel. 51 32 58 31.* Im Casino des Sports rollt allnächtlich die Roulettekugel. Im Casino de la Plage wird nur Boule gespielt.

**AUSKUNFT**

### Office de Tourisme

*Rue Maréchal-Leclerc, 85 104 Les Sables-d'Olonne, Tel. 51 32 03 28*

**ZIELE IN DER UMGEBUNG**

### Brétignolles-sur-Mer

Nördlich von Les Sables-d'Olonne entstandener, in den letzten Jahren gewachsener Badeort, der sich mit Ferienhäusern und Urlaubseinrichtungen kilometerlang an den Sandstränden und Felsenbuchten der Corniche Vendéenne hinzieht. Alles in allem: familienfreundlich und ruhig. *Auskunft: Office de Tourisme, 85 470 Brétignolles-sur-Mer, Tel. 51 90 12 78.* (B 3)

### Château de Pierre-Levée

Ländlich verspieltes Schloß aus der Zeit Ludwigs XVI. (Ende 18. Jh.), fünf km nordöstlich. Keine Besichtigung. (B 4)

### Fontenay-le-Comte

Das Städtchen (16 500 Ew.) liegt zwischen dem Waldgebiet von

---

### Blick in die Vergangenheit

Das Schloß heißt Puy du Fou und liegt in der Vendée, rund 90 km von Sables-d'Olonne. Hier ersteht jeden Sommer aufs neue vor der Kulisse der Schloßterrasse in der Tradition des »Son et Lumière« ein buntbewegtes Stück Vergangenheit mit dem Titel »Jacques Maupillier, paysan vendéen«. Beteiligt sind außer 650 Laienschauspielern 50 Reiter aus den umliegenden Dörfern und jede Menge Lichteffekte, Wasserspiele sowie professionelle Schauspieler. Damit fremden Besuchern nichts entgeht, sind eine Anzahl Plätze mit Abhöranlagen in deutscher und englischer Sprache ausgestattet. Tagsüber dagegen kann man in Puy du Fou in den mittelalterlichen Alltag eintauchen, in ländlichen Szenen mit Bauern, Händlern, Spielmännern und Rittern. *Auskunft und Reservierung: Telefon 51 57 65 65*

---

Mervent-Vouvant und dem Marais Poitevin. 1520 weilte Rabelais einige Jahre in der Stadt. Sehenswert sind das *Musée Vendéen, tgl. 10—12 und 14—18 Uhr*, die *Église Notre-Dame* mit schönem Glockenturm aus dem 15. Jh. und dem *Château de Terre-Neuve* (16. Jh.), *Führungen 9—12 und 14 bis 19 Uhr. Hotel: Rabelais, Route Parthenay, Tel. 51 69 86 20, 45 Zi., Kategorie 2.* (E 5)

### Forêt d'Olonne

Das sich rund 15 km nördlich erstreckende Waldgebiet mit Eichen und Kiefern ist mit seinen zahlreichen Pfaden ein schönes Wandergebiet. (B 4)

### Fromentine

Der Fischereihafen ist ein Zentrum der Austernzucht und neben St-Gilles-Croix-de-Vie einer der beiden Häfen für die Überfahrt zur Ile d'Yeu. (A 2)

### Ile de Noirmoutier

★ Bis zum Bau der Brücke (Gebühr) im Jahre 1971 war die Insel nur bei Ebbe über eine vier km lange Straße durchs Watten-

meer, Le Gois, zu erreichen. Noirmoutier ist ein Badeparadies, 40 km Sandstrände ziehen sich um die 19 km lange und sieben km breite Insel mit kiefernbewachsenen Dünen, kleinen Dörfern wie zum Beispiel La Bosse, L'Epine und Barbâtre mit niedrigen Häusern und ausgedehnten Salzgärten.

Hauptort ist der Fischerhafen und Ferienort Noirmoutier-en-l'Ile (4800 Ew.). Er liegt zwei km vom Meer entfernt. Sehenswürdigkeiten sind ein befestigtes *Château* mit Heimatkundemuseum und schöner englischer Fayencensammlung *(tgl. 10—19 Uhr)*, die *Église St-Philibert* mit schöner Krypta (11. Jh.) und das *Musée de la Construction Navale (Di—So 10—19 Uhr). Hotels: Fleur de Sel (mit gutem Restaurant), Tel. 51 39 21 59, 35 Zi., Kategorie 2; Les Douves, Tel. 51 39 02 72, 21 Zi., Kategorie 2; Auskunft: Office de Tourisme, 85 330 Noirmoutier-en-l'Ile, Tel. 51 39 80 71.*

Der Bois de la Chaize, der schönste Wald der Insel, säumt auf der windgeschützten Ostseite die Küste; überall stehen alte, verschnörkelte Villen mit Türmchen. Hier liegen die Plages des Dames, verteilt auf mehrere Buchten, an die sich die charmante Promenade und Plage des Souzeaux mit alten Villen, weißen Badehütten und hölzernem Pier anschließt. Vereinzelt stehen in den Dünen und Pinienwäldern Windmühlen — es gibt insgesamt auf der Insel 23 der weißen, schlanken Mühlen mit schwarzem Dach. *Hotel in Bois de la Chaize: Les Prateaux, Tel. 51 39 12 52, 13 Zi., Kategorie 2.* L'Herbaudière, ein freundlicher Ort an der Nordwestspitze, hat einen großen, geschützten Fischer- und Yachthafen. Hier kann man Segelboote und Surfbretter leihen und Kurse im Tauchen oder Meereskajakfahren belegen. (A2)

### Ile d'Yeu

★ Im Sommer herrscht auf der nur zehn km langen und vier km breiten Felseninsel (4900 Ew.) eine fast mediterrane Atmosphäre. Während eine wilde, zerfranste Felsküste im Westen an die Bretagne erinnert, wird das Bild der Süd- und Ostküste wie auf dem Festland der Vendée von langen Sandstränden, Dünen, Pinien- und Eichenwald bestimmt. Die meisten der kleinen Sandstrände in den geschützten Buchten der Côte Sauvage sind nur zu Fuß oder mit dem Fahrrad zu erreichen. Die Insulaner, Fischer und Seefahrer, halten an alten Bräuchen wie kirchlichen Prozessionen fest und feiern mit den Besuchern die »fêtes de la mer«. Die malerische, kleine Hauptstadt Port-Joinville, wichtiger Fischereihafen und Ferienort, liegt an der geschützten Ost-

küste. Der Strand liegt im benachbarten Ker-Chalòn, das sich zum Badeort entwickelt. *Hotel: Grand Large, 1, Rue Courseau, Tel. 51 58 36 77, 22 Zi., Kategorie 2.* Die Insel erforscht man am besten mit dem Leihfahrrad. An der Côte Sauvage erhebt sich auf einem Felsen die wildromantische Ruine des Vieux-Château, wahrscheinlich 11. Jh. 🌸 Großartige Aussicht vom Donjon. Nahebei liegen der schöne Strand des Sabias und weiter südlich Port-de-la-Meule, ein kleiner Hafenplatz der Hummer- und Langustenfischer an wilder Felsküste. Die Überfahrt zur Ile d'Yeu von Fromentine dauert rund 1$^{1}/_{2}$ Stunden. *Auskunft: Office de Tourisme, 85 350 Port-Joinville, Tel. 51 58 32 58.* (A3)

### Jard-sur-Mer

In den letzten Jahren an der Küste der Vendée entstandener Familienbadeort mit zahlreichen Ferienhäusern und Yachthafen, Wassersport aller Art. Schöne, urwüchsige Natur mit Kiefernwald, Sand- und Felsstränden. Vier km vom Ort am Meer gelegen: *Hôtel Parc de la Grange, Tel. 51 33 44 88, 20 Zi., Kategorie 2. Auskunft: Office de Tourisme, 85 520 Jard-sur-Mer, Tel. 51 33 40 47.* (C4)

### Luçon

In dem freundlichen Städtchen (9500 Ew.) ist die ehemalige Abteikirche Cathédrale Notre-Dame sehenswert. Schiff und Chor sind gotisch, das linke Querschiff noch romanisch. (D4—5)

### Marais Salants

Die nördlich des Yachthafens von Les Sables-d'Olonne gelegenen Salinen ziehen sich über mehrere Kilometer an einem mit dem Meer verbundenen Binnensee hin. Bootsfahrt und Führung werden durch das Touristenbüro organisiert. (B 4)

### Port Bourgenay

Neuer Badeort (1985) mit dem einzigen gezeitenunabhängigen Yachthafen an der Küste zwischen Les Sables-d'Olonne und La Rochelle, um den sich ein architektonisch interessanter – und gelungener – Komplex von Ferienhäusern, Clubdorf mit Appartements und Studios, mehreren Sport- und Serviceeinrichtungen gruppiert. Dünen, Pinienwald und schöne Sandstrände (Plage Veillon mit Lagune). *Auskunft: Office de Tourisme, 85440 Talmont-St-Hilaire, Tel. 51 90 65 10.* (B 4)

### Saint-Gilles-Croix-de-Vie

Der lebhafte Fischerhafen und kleine Badeort (6400 Ew.) liegt am Beginn der schönen, felsigen Küstenstrecke Corniche Vendéenne und gegenüber der Ile d'Yeu (Überfahrt.) Zwischen den Stränden Plage de Boisvinet und Grande Plage mündet der mäanderreiche Fluß Vie in den Atlantik. *Hotel: Marina, Grande Plage, Tel. 51 55 30 97, 40 Zi., Kategorie 2/3. Auskunft: Office de Tourisme, 85 800 St-Gilles-Croix-de-Vie, Tel. 51 58 82 73.* (B 3)

### Saint-Jean-de-Monts

★ Ein besonders bei Familien beliebter, mit allen Freizeit- und Sporteinrichtungen ausgestatteter Badeort (6000 Ew.) in endlosem Sandstrand. Eine lange Uferstraße verbindet die Strände Plage St-Jean und Plages des De-

moiselles. Getrennt vom Meer durch bewaldete Dünen liegt der um eine Granitkirche gruppierte alte Ort. Neben einem Kasino gibt es ein modernes Thalassotherapie-Zentrum, einen Golfplatz und ein Kongreßzentrum, wo auch kulturelle Veranstaltungen stattfinden. Wassersport aller Art bietet u.a. Cercle nautique montois. *Hotels: Altea, Av. des Pays de Monts, Tel. 51 59 15 15, 44 Zi., Kategorie 2; Espadon, 10, Av. de la Forêt, Tel. 51 58 03 18, 63 Zi., Kategorie 2/3. Auskunft: Office de Tourisme, 85 160 St-Jean-de-Monts, Tel. 51 58 00 48.* (B 3)

### La Tranche-sur-Mer

Nicht das flache, eintönige Hinterland, sondern die feinen Sandstrände von 14 km Länge sind die Trümpfe des Familienbadeortes (2200 Ew.). An der Plage Centrale tummeln sich neben den Badegästen die Surfer mit ihren Segelbrettern. Petit Californie français nennt man deswegen diese Küste. Nur einige verschnörkelte Villen in den Dünen und ein Grandhotel erinnern an verflossene Badezeiten, ansonsten ist das Seebad auf sympathische Weise volkstümlich. *Hotels: Les Cols Verts, Parc Clemenceau, Tel. 51 27 49 30, 40 Zi., Kategorie 2/3; L'Océan, 49, Rue Anatole France, Tel. 51 30 30 09, 50 Zi., Kategorie 2/3; Restaurant: Le Milouin, 99, Av. Maurice Samson, Tel. 51 27 49 49, Kategorie 2/3; Auskunft: Office de Tourisme, 85 360 La Tranche-sur-Mer, Tel. 51 30 33 96.* (C 5)

### Vouvant

Malerisches Städtchen 15 km von Fontenay-le-Comte. Sehenswert ist die schöne romanische Kirche. (E 4)

# Wellen, Wald und Wein

*Die »Silberküste«: 230 km Sandstrand, Hunderte von Weinschlössern und Frankreichs größtes Waldgebiet*

Die Strände der Côte d'Argent, der Silberküste, erstrecken sich auf einer Länge von 230 Kilometern von der Mündung der Gironde südwärts bis Bayonne. Praktisch handelt es sich um einen einzigen Strand, hinter dem sich als mächtige Sandgebirge die höchsten Dünen Europas aufbauen. Höhepunkt dieser einzigartigen Küste ist die Dune de Pilat mit einer Höhe von rund 110 Metern, einer Breite von 500 Metern und einer Länge von 2,7 Kilometern. Insgesamt reicht der Dünengürtel auf einer Breite von fünf Kilometern ins Landesinnere. Anfang des vorigen Jahrhunderts wurde in großem Stil Wald angepflanzt, um die Wanderung der Dünen landeinwärts zu stoppen. Heute bilden die Kiefernwälder der Landes das größte Waldgebiet Frankreichs.

Lacanau-Océan, Cap Ferret, Arcachon, Mimizan-Plage, Hossegor, Capbreton — auf die gesamte Länge der Côte d'Argent verteilen sich gerade ein rundes Dutzend Badeorte —, hier kann man fast noch von paradiesischen Zuständen sprechen. Im Einzugsgebiet von Bordeaux geht es natürlich lebhafter zu, aber auch hier herrscht durchaus kein Massentourismus. Allerdings haben einige Badeorte in den letzten Jahren einen eklatanten Wandel von ehedem gemütlichen Fin-de-siècle-Familienbädern zu international gestylten Seebädern durchgemacht, ganz auf einer Linie mit den Ansprüchen der modernen Freizeitgesellschaft. An den endlosen Sandstrand der Côte d'Argent schließt sich nach Süden die Côte Basque mit dem ehemals königlich-mondänen Seebad Biarritz und St-Jean-de-Luz an: eine prächtige Felsenküste mit Sandbuchten, Felsriffen und -türmen, an denen sich die Wellen des Atlantiks brechen.

## ARCACHON

★ Das sympathische und schikke Seebad (13 500 Ew.) liegt geschützt und klimatisch begün-

*Biarritz: Die einstige Sommerfrische von Kaisern und Königen ist auch heute noch ein beliebtes Urlaubsziel*

stigt am Südufer des Bassin d'Arcachon. Es besteht aus zwei Teilen: der Ville d'Été (Sommerstadt) und der Ville d'Hiver (Winterstadt). Die Ville d'Été zieht sich mit eleganter, von Tamarisken gesäumter Promenade am fünf km langen, feinen Sandstrand am Südufer des Bassin d'Arcachon hin. Drei Seebrükken unterteilen den Strand: Jetée de la Chapelle, Jetée Thiers und Jetée d'Eyrac. Am östlichen Ende liegt der große Hafen, in dem hauptsächlich Yachten und Motorboote festmachen. Hotels, Appartementhäuser, hübsche Villen und das Kasino liegen an der Uferfront. Südlich schließt sich die Ville d'Hiver an. Hier bauten sich die Bürger von Bordeaux in der Belle Époque prächtige Villen, umgeben von blühenden Gärten, Pinien- und Kiefernwald. Diese Mischung aus vornehmem, ruhigem Villenviertel und munterem Seebad im Stil einer Kleinstadt macht Arcachon besonders anziehend. Mit den umliegenden, in Pinienwald gebetteten Villen und kleinen Ortszentren von Pyla-sur-Mer und La Teste ist Arcachon heute praktisch zusammengewachsen. (A 12/C 13)

## BESICHTIGUNGEN

### Boulevard de la mer

Die autofreie, schöne Uferpromenade verläuft an der Plage Pereire einerseits und dem Parc Pereire andererseits. Über das Bassin d'Arcachon geht der Blick bis zur Halbinsel von Cap Ferret.

### Chapelle des Marins

Die Wände der Kapelle der Seeleute — links vom Eingang in der Basilika Notre-Dame — sind mit Votivgaben geretteter Seeleute bedeckt: Bilder von Schiffen in Seenot, Rettungsringe, Bojen und anderes.

### Front de mer

Der Hauptstrand zieht sich an der eleganten Uferpromenade am Bassin d'Arcachon hin, gesäumt von Tamarisken und den Häusern an den Boulevards Gounouilhou und Veyrier. Von der 200 m langen Seebrücke Jetée Thiers gehen die Schiffe nach Cap Ferret.

### Source Sainte-Anne des Abatilles

Mit 465 m ist dies die tiefste Quelle Frankreichs. Sie liegt zwischen Boulevard de la Côte d'Argent und Avenue du Parc. Ihr Wasser soll bei Gicht und Fettleibigkeit helfen und wird bis nach Hongkong exportiert.

### Ville d'Hiver

In der »Winterstadt« stehen noch zahlreiche verschnörkelte Villen aus der Gründerzeit mit phantasievollen Namen wie Villa Shakespeare, Napoléon, Faust, Robinson und so fort. Besonders schöne Beispiele sind die *Villa Trocadéro, 6, Allée du Docteur-Festal*, die *Villa Richelieu, 8, Allée Velpeau* oder die *Villa Regina, 11, Allée Corrigan*, ein Prachtbau, in dem königliche Hoheiten zu Gast waren. Heute in Suiten aufgeteilt, dient sie als Alterssitz betuchter Ruheständler.

## MUSEUM

### Musée Aquarium

In den 30 Becken des Aquariums tummeln sich Meerestiere aus dem Bassin und den Küstengewässern von Arcachon. Das Museum im ersten Stock hat interessante Sammlungen von Vögeln, Fischen, Reptilien und eine Abteilung, die der Austernzucht gewidmet ist. In einem anderen Saal sind archäologische Funde zu sehen. *Beim Kasino, tgl. 10 bis 19 Uhr (Sommer)*

## RESTAURANTS

### L'Avenue
Frisch aus dem Meerwasserbecken sucht man sich Hummer oder Fisch aus. Austern gehören zu jedem Essen. Nette Bedienung. *196, Bd. de la Plage, Tél. 56 83 43 98, Kategorie 3*

### Jardin de la Mer
Ebenfalls eine gute Adresse für Meeresfrüchte. Bei schönem Wetter sitzt man auf der Sonnenterrasse. *34, Av. Général de Gaulle, Tél. 56 82 47 96, Kategorie 2*

### L'Ombrière
Zweihundert Meter vom Strand gelegenes Restaurant mit preiswertem Menü und *plateau de fruits de mer. 79, Cours H. de Thury, Tél. 56 83 42 52, Kategorie 2*

### Le Patio
Das charmante Restaurant mit Patio ist eine Feinschmeckeradresse: gefüllte Krebse, Seezunge auf Artischocken im Blätter-

# MARCO-POLO-TIPS FÜR DIE CÔTE D'ARGENT

**1 Arcachon**
Das berühmte Seebad nimmt nicht nur durch seine schöne Lage ein (Seite 59)

**2 Dune du Pilat**
Die größte Düne der Welt kann bestiegen werden (Seite 64)

**3 Mimizan**
Hier ist alles vereint, was den Urlaub an der Côte d'Argent auszeichnet (Seite 78)

**4 Biarritz**
Keine mondäne, aber eine feine Adresse: Château du Clair de Lune (Seite 67)

**5 Baskenland**
Im Vorland der Pyrenäen locken reizvolle Ziele (Seite 84)

**6 Corniche Basque**
Eine wilde Schönheit ist die Küstenstrecke südlich von Biarritz (Seite 85)

**7 Hossegor**
Für viele ist das Städtchen der ideale Badeplatz an der Côte d'Argent (Seite 69)

**8 Musée des Chartrons**
Feines Museum der Weinhändler in Bordeaux (Seite 72)

**9 Château Cordeillan-Bages**
Eine der Perlen des Médoc, wo man nobel untergebracht ist (Seite 74)

**10 St-Jean-de-Luz**
Eleganter Badeort und Hafenstädtchen mit unvergleichlicher Atmosphäre (Seite 82)

*Das schicke Arcachon wartet natürlich auch mit einem Spielkasino auf*

teig, flambierte Erdbeeren ...
*10, Bd. de la Plage, Tel. 56 83 02 72,
Kategorie 1*

## EINKAUFEN

Geschäfte und Boutiquen liegen
konzentriert in den parallel zum
Strand verlaufenden Straßen
*Boulevard M. Gounouilhou, Boulevard de la Plage* und den Querstraßen. Beim Yachthafen findet
man Bootsausstatter und ein Geschäft mit schönem maritimem
Zubehör.

## HOTELS

### L'Aquamarina
Gute Lage am Boulevard de la
Plage, Zimmer teils mit Balkon
und Aussicht aufs Bassin. *82, Bd.
de la Plage, Tel. 56 83 67 70, 33 Zi.,
Kategorie 2*

### L'Arc Hôtel sur Mer
Üppig im Stil der Belle Époque
eingerichtet, Blick auf Bassin

und Meer, kein Restaurant, aber
Swimmingpool. *89, Bd. de la Plage,
Tel. 56 83 06 85, 32 Zi., Kategorie 2*

### Le Dauphin
In alter, vollständig renovierter
Villa. Komfortable, aber kleine
Zimmer. Ruhige Lage am Stadtrand. *7, Av. Gounod, Tel.
56 83 02 89, 43 Zi., Kategorie 2/3*

### Marinette
Gemütliches, kleines Hotel. Es
liegt in der Ville d'Hiver, also in
einiger Entfernung zum Strand
und Zentrum. *15, Allée J.-M. de
Hérédia, Tel. 56 83 06 67, 24 Zi., Kategorie 3*

### Le Nautique
Komfortables Hotel garni neben
dem Yachthafen am östlichen
Stadtrand. *20, Bd. de la Plage, Tel.
56 83 01 48, 43 Zi., Kategorie 2*

### Semiramis
Feines, kleines Hotel in alter, verschnörkelter Villa der Ville d'Hi-

ver. Komfortabel mit Restaurant.
*4, Allée Rebsomen, Tel. 56 83 25 87,
11 Zi., Kategorie 1/2*

## SPIEL UND SPORT

Die Sandstrände sind erstklassig: Am Bassin d'Arcachon liegen die gutbesuchte Plage d'Arcachon und die Plage d'Eyrade, eingefaßt von den drei langen Seebrücken Jetée de la Chapelle, Jetée Thiers (Überfahrt nach Cap Ferret) und Jetée d'Eyrac. In der Öffnung des Bassins zum Meer reihen sich die langen Sandstrände Plage Pereire, Plage des Abatilles und Plage du Moulleau auf. Von der Jetée du Moulleau starten Überfahrten nach Cap Ferret und zum Banc d'Arguin.
⚹ Lehrgänge in Windsurfen und Segeln bietet die *École Française de Voile im Port de Plaisance* (Yachthafen). Außerdem gibt es einen 18-Loch-Golfplatz und drei Tennisclubs. *Fahrradverleih: Locabeach, 326, Bd. de la Plage*

## AM ABEND

Im Kasino wird jeden Abend Black Jack, Boule und Roulette gespielt. Angeschlossen ist die schicke Diskothek *La Caravelle, 163, Bd. de la Plage, Tel. 56 83 41 44.* Weitere Diskotheken: *Le Cyclone, 177, Bd. de la Plage, Tel. 56 83 67 17; Whisky Club de l'Hermitage, 49, Bd. de l'Océan in Pyla, Tel. 56 54 51 31; Diskothek Le GN, 10, Rue Roger-Expert, Tel. 56 83 10 48*

## AUSKUNFT

### Office de Tourisme
*Pl. F. Roosevelt, 33 120 Arcachon, Tel. 56 83 01 69*

### Andernos-les-Bains
Am Nordostufer des Bassin d'Arcachon gelegener, vielbesuchter Badeort (6000 Ew.) mit insgesamt vier km Strand und Kasino, Austern- und Yachthafen. *Hotels: Central, 20, Av. Thiers, Tel. 56 82 02 10, 17 Zi., Kategorie 2; Auberge Le Coulin, 3, Av. d'Arès, Tel. 56 82 04 35, 11 Zi., Kategorie 3. Auskunft: Office de Tourisme, 33 510 Andernos-les-Bains, Tel. 56 82 02 95 (A–B 12)*

### Arès
Am Nordende des Bassin d'Arcachon; sehenswert ist die romanische Kirche auf dem Marktplatz mit schönen Säulenkapitellen. Arès ist Austern- und Freizeithafen. (A 11)

### Banc d'Arguin
Von Arcachon (Jetée du Moulleau) Tagesausflug mit dem Boot zu der kleinen Insel, einem Vogelschutzgebiet, unterhalb der Dune du Pilat. (A 12/C 13)

### Bassin d'Arcachon
Nur eine drei km breite Öffnung verbindet das Bassin mit dem offenen Meer. Insgesamt umfaßt es eine Fläche von 250 qkm, von denen 18 qkm für die Austernzucht genutzt werden. Bei Ebbe tauchen rund 200 qkm Sand- und Schlammboden aus dem Wasser. Im Gegensatz zur flachen Uferzone im Süden und Osten hat die Westseite schöne Dünen, bedeckt mit Pinienwald. Hier liegen denn auch die kleinen, familiären Badeorte von Cap Ferret in einer Kette aufgereiht. Das Bassin ist ein beliebtes Segel- und Wassersportrevier; in

der Mitte liegt die Ile aux Oiseaux (Bootsausflüge von Arcachon). (A–B 12/C–D 13)

## Cap Ferret

An der Spitze der Halbinsel von Cap Ferret liegt zwischen Kiefern und Dünen der gleichnamige Badeort (900 Ew.). Auch hier wurde viel Neues gebaut: Appartement- und Ferienhäuser, eine Kulturhalle, der Strandboulevard mit Fußgängerzone, Parkplätzen und Bänken. Der ✿ Leuchtturm von 1949 mißt 52 m; weite Aussicht. Bei Cap Ferret reihen sich entlang der Halbinsel am Rand des Bassin d'Arcachon mehrere ruhige Familienferienorte auf: Claouey, Les Jacquets, Petit Piquey, Piraillan, L'Herbe. Der Vorteil: Man badet bei Flut gefahrlos im Bassin d'Arcachon; zum − bewachten − Atlantikstrand Truc Vert kommt man durch den Waldgürtel Forêt de Lège. Auf der Halbinsel gibt es vier schöne Campingplätze, zwei in Claouey, je einen in Piraillan und Cap-Ferret. *Hotels: Hôtel des Dunes, 119, Av. de Bordeaux, Tel. 56 60 61 81, 13 Zi., Kategorie 3; Hôtel de la Frégate, 34, Av. de l'Océan, Tel. 56 60 60 63, 26 Zi., Kategorie 2/3; Hôtel des 4 Saisons, 62, Av. de l'Océan, Tel. 56 60 68 13, 13 Zi., Kategorie 3; Auskunft: Office de Tourisme, 33 950 Cap-Ferret-Lège, Tel. 56 60 86 43.* (A 12/C 13)

## Dune du Pilat

★ Die größte Düne Europas an der Meeresöffnung des Bassin d'Arcachon und gegenüber von Cap Ferret ist 105 bzw. 115 m hoch (hier ist man sich offiziell nicht einig), 500 m breit und 2,7 km lang. Zum großen Teil ist ihr Sockel von Kiefernwald bedeckt. An der Westseite liegen halb im Sand versunken Betonbunker des Atlantikwalls. Vom unterhalb gelegenen Parkplatz (im Sommer Gebühr) kommt man zur steilen Ostflanke, wo man durch tiefen Sand auf den Gipfelkamm klettern kann. Ein phantastischer Rundblick über die Halbinsel von Cap Ferret, das Bassin d'Arcachon und aufs

*In Cap Ferret kann man im Atlantik und im Bassin von Arcachon baden. Vom 52 m hohen Leuchtturm aus hat man beides im Blick*

Meer und ins Hinterland belohnt für die Mühe (A 12/C 13)

## Gujan-Mestras

Der Ort (7800 Ew.) an der Südseite des Bassin d'Arcachon wird als *capitale de l'ostréiculture* bezeichnet, weil die Einwohner vorwiegend von der Austernzucht leben. Pittoresk die Hütten am Ufer. Etwa Mitte August findet drei Tage lang die gastronomische ✪ *Fête de l'Huitre* statt, bei der hundert Ständen nicht nur Austern, sondern auch alle möglichen Leckereien gekostet werden können. (A–B 12/D 13)

## La Hume

Am Ende des Hafens steht eine große Hütte mit der Aufschrift »Chez Marie«. Hier kann man Austern, Crevetten, Kreuzmuster-Teppichmuscheln und Meeresschnecken essen, soviel man mag. Dazu gibt's einen fruchtigen Weißwein des Bordelais. (A 12/C 13)

## Ile aux Oiseaux

Die Vogelinsel im Bassin d'Arcachon hat bei Flut einen Umfang von fünf, bei Ebbe von 16 Kilometern. Hier überwintern Wildenten, Wildgänse und Alke. Die beiden Hütten auf Stelzen, sogenannte *tchanquées*, sind häufig abgebildete Fotomotive. Von Arcachon und Cap Ferret werden täglich von Mitte Juni bis Mitte September Fahrten zur Vogelinsel angeboten. (A 12)

## Parc ornithologique du Teich

Das 120 Hektar große Vogelschutzgebiet bei Le Teich im Delta des Flußes Eyre am Bassin d'Arcachon ist Nistplatz für rund 75 verschiedene Vogelarten und ein wichtiger Rastplatz der Zugvögel. Man sieht unter anderem Schwäne, Wildgänse, Reiher und Flamingos. Es gibt drei verschieden lange Rundwege mit Beobachtungsplätzen. Man leihe ein Fernglas. *März–Mai tgl. 10–18 Uhr, Juni–Sept. tgl. 10–19 Uhr* (B 12/D 13)

## Pyla-sur-Mer

Hauptsächlich besteht der an Arcachon angrenzende, hübsche Badeort aus Villen und Hotels, verstreut in pinienbewachsenes Dünengelände. Südlich liegt die Dune du Pilat. Es gibt mehrere bewachte Strände: La Corniche Plage und an der Straße nach Biscarrosse die Strände Petit-Nice, La Lagune, und La Salle Nord mit Parkplätzen im Kiefernwald. *Hotels: Beau Rivage, 10, Bd.de l'Océan, Tel. 56 54 01 82, 22 Zi., Kategorie 2/3; Hostellerie Sablonney, Pilat Plage, Tel. 56 22 71 01, 23 Zi., Kategorie 2/3; Hôtel Tiki-Etchea, 2, Pl. Louis Gaume, Tel. 56 22 71 15, 29 Zi., Kategorie 3. Auskunft: Office de Tourisme, 33 115 Pyla-sur-Mer, Tel. 56 54 02 22* (A 12/C 13)

## Réserve Naturelle des Prés Salés

In der schönen Umgebung der Salzwiesen am Ortsausgang von Arès Richtung Lège haben viele Vogelarten ein Refugium gefunden. Freier Zutritt. (A 11)

## Serre aux papillons

In einer 25 Grad warmen Halle in Biganos bei Le Teich schweben 250 Schmetterlinge aus Brasilien, Afrika und anderen Regionen zwischen Bougainvilleen und Orchideen. Besichtigung der Zucht *tgl. Mitte Juni–Ende Aug. 10–19 Uhr.* (B 12/D 13)

# BIARRITZ

Das berühmte Seebad (26 500 Ew.) ist so schön wie zu Zeiten der Belle Époque, als sich hier Aristokratie und Berühmtheiten ihrer Zeit ein Stelldichein gaben. Die Paläste jener Zeit, ob Hotel oder königliche Sommerresidenz, stehen noch, die Atmosphäre allerdings hat sich gewandelt. Charme und eine gewisse mondäne Note sind Biarritz erhalten geblieben, wenn auch die Klientel heutzutage bunt gemischt ist. Biarritz ist keine würdige alte Dame, sondern, was Publikum und die touristischen Attraktionen betrifft, in einen neuen Frühling getreten. Die Grande Plage, der zentrale Strand, legt davon Zeugnis ab. Hier steht auch das riesige Hôtel du Palais, das sich die »Entdeckerin« des ehemaligen Fischerdorfes, die schöne Eugénie, 1854 von ihrem kaiserlichen Gemahl Napoleon III. bauen ließ. Nach dem endlosen Sandstrand der Côte d'Argent präsentiert sich der südlichste Küstenabschnitt, die Côte Basque bis zur spanischen Grenze, mit steil ins Meer abstürzenden Felsen, von Kaps eingefaßten Sandstränden und eindrucksvollen Felsriffen. (A—B 17)

## BESICHTIGUNGEN

### Esplanade et Rocher de la Vierge

Die Esplanade zieht sich auf felsiger Uferpromenade südlich der Grande Plage und oberhalb des malerischen Port de Pêcheurs (Fischerhafen) hin. Eine kleine Brücke führt hier zum wellenumtosten Rocher de la Vierge mit einer Statue der Muttergottes. Der Blick umfaßt die Meeresfront von Biarritz und die Felsenküste bis zur spanischen Grenze.

### Perspective Miramare

Schöner Spaziergang; prächtige Aussicht auf die Küste und die Plage de la Côte des Basques.

### Phare et Point St-Martin

Im Norden der Grande Plage steht auf dem Felsenkap Point St-Martin ein 73 Meter hoher Leuchtturm. Weite Aussicht.

## MUSEUM

### Musée de la Mer

Aquarium mit Unterwasserfauna sowie naturkundliche und historische Sammlungen zum Leben der baskischen Fischer. *Oberhalb der Esplanade beim Rocher de la Vierge, tgl. 9—19 Uhr (Sommer)*

## CAFÉ

### Miremont

Ein nostalgischer Salon de Thé mit Aussicht aufs Meer und allerlei köstliche Pâtisserien. *1 bis, Pl. Clemenceau*

## RESTAURANTS

### Bistrot des Halles

Deftige, preiswerte Leckereien wie Kalbskopf und Schweinshaxe, aber auch Hummer und Muscheln in einem echten Bistro in Marktnähe. *1, Rue du Centre, Tel. 59 24 21 22, So-Abend u. Mo geschl., Kategorie 3*

### Chez Albert

Wo die Fischer ihren Fang anlanden, gibt's Meeresfrüchte mit Aussicht aufs Meer. *Port des Pêcheurs, Tel. 59 24 43 84, Kategorie 2*

*Kasino, Diskothek und Panoramarestaurant: das »Bellevue« in Biarritz*

## Le Galion

Noch in Biarritz, beim Surf-strand gelegen; ausgezeichnete baskische und spanische Spezia-litäten. *17, Bd. du Général de Gaul-le, Tel. 59 24 20 32, So-Abend u. Mo geschl., Kategorie 3*

## Le Grand Siècle/La Rotonde

Feine Küche, viele Gerichte sind baskisch inspiriert. Die Speise-karte des Grand Siècle ist im et-was weniger teuren Rotonde (teils Blick aufs Meer) nur leicht abgeändert. *1, Av. de l'Impératrice, Tel. 59 24 09 40, Kategorie 1*

## Les Platanes

Phantasievolle, ausgezeichnete Küche und Weine der Region. *32, Av. Beausoleil, Tel. 59 23 13 68, Kategorie 1*

Viele feine Modegeschäfte und Schmuckboutiquen verführen zum Shopping.

### Bertrand

Kleines, gemütliches Familien-hotel. *1, Pl. de l'Atalaye, Tel. 59 24 15 91, 11 Zi., Kategorie 2/3*

### Château du Clair de Lune

★ Reizendes, komfortables Fa-milienhotel mit nur neun Zim-mern. *48, Rue Alan Seeger, Tel. 59 23 45 96, Kategorie 2*

### Marbella

In hübscher, ruhiger Lage über dem alten Hafen gelegenes,

komfortables Hotel mit Terrasse und Garten. *11, Rue Port-Vieux, Tel. 59 24 04 06, 28 Zi., Kategorie 2*

### Miramar

Modernes Viersternehotel mit Thalassotherapie (Seewasserkuren) und Schwimmbad. *Av. de l'Impératrice, Tel. 59 41 30 00, 126 Zi., Kategorie 1*

### Palais

Ehemaliger kaiserlicher Sommerpalast, das beste Hotel von Biarritz. *1, Av. de l'Impératrice, Tel. 59 24 09 40, 128 Zi., Kategorie 1*

### Windsor

Komfortables Hotel, in alter Villa bei der Grande Plage gelegen. *Grande Plage, Tel. 59 24 08 52, 53 Zi., Kategorie 2*

## SPIEL UND SPORT

Wassersport wird ganz groß geschrieben. *⚡* Jugendliche Surfer reisen sogar aus Kalifornien an. Neben Surfen und Windsurfen kann man segeln, Wasserski laufen, tauchen. Prächtig sind die Strände: Neben der *Grande Plage* mitten in Biarritz gibt es die sich nördlich anschließende *Plage Miramar.* Klein und geschützt ist die *Plage du Port Vieux,* wo die ersten Besucher von Biarritz zu baden pflegten. Die *Plage de la Côte des Basques* im Süden der Stadt ist der »sportlichste«, weil den hohen Wellen am stärksten ausgesetzte. Anspruchsvollen Golfern stehen sechs 18-Loch-Golfplätze in nächster Umgebung zur Wahl. Wohl einmalig in Europa ist das »Internationale Golftrainings-Zentrum«.

## AM ABEND

Im Casino Bellevue wird der Spielleidenschaft gefrönt: Baccara, Chemin de Fer, Roulette, Black Jack und Boule. *Pl. Bellevue, Tel. 59 24 11 22.* Zur Entspannung bietet sich die *Discothèque/ Piano Bar La Plantation* des Kasinos an, oder man diniert im Restaurant mit Panoramablick über Grande Plage und Meeresfront. Die *⚡ Bar Royalty, Pl. Clemenceau,* gilt als bester Pick-up-Platz.

## AUSKUNFT

### Comité de Tourisme et des Fêtes

*Square d'Ixelles, 64 200 Biarritz, Tel. 59 24 20 24*

## ZIELE IN DER UMGEBUNG

### Anglet

Praktisch ist die Stadt (35 000 Ew.) mit Biarritz zusammengewachsen. Sportlichen Urlaubern bieten sich viele Möglichkeiten:

---

### Sauberer Strand

Keine leichte Aufgabe, Hunderte Kilometer Sandstrand auch in der Hochsaison tadellos sauberzuhalten. Seit dem Frühjahr 1991 sind an der Côte d'Argent spezielle Maschinen im Einsatz, die jährlich Tausende von Tonnen Strandgut von der Planke bis zur Plastikflasche beseitigen. An den bewachten Stränden setzen die meisten Küstengemeinden obendrein Reinigungstrupps ein, die den Strand täglich blitzblank putzen.

Vier km Strand (mit Les Plages de Chambre de l'Amour), der Pinienwald Chiberta mit Wanderwegen und 18-Loch-Golfplatz, die neue Marina Port Chiberta, Reitclub, Squashhallen u. a. *Hotels: Atlanthal*, moderner Hotelkomplex, spezialisiert auf Thalassotherapie (Seewasserkuren), *153, Bd. Plages, Tel. 59 52 75 75, 100 Zi., Kategorie 1; Hôtel de la Résidence de Chiberta et du Golf, beim Golfplatz und Chibertasee. 104, Bd. Plages, Tel. 59 63 95 56, 45 Zi., Kategorie 1. Auskunft: Office Municipal de Tourisme, 64 600 Anglet, Tel. 59 03 77 01* (B 17)

## Bayonne

Die bedeutende Stadt (43 000 Ew.) nimmt durch ihre schöne Lage an der breiten unteren Adour, eine guterhaltene Altstadt und lebhafte Atmosphäre ein. Wegen der strategischen Lage zu den Pässen der Westpyrenäen war Bayonne stark befestigt, erhalten sind die Bastionen der Altstadt, die heute mit Grünanlagen zum Promenieren einladen. Mittelpunkt der Altstadt ist die doppeltürmige Kathedrale (1213–1544), nicht weit davon nördlich das Vieux Château (Sitz der Verwaltung). Das berühmte Musée Basque ist wegen Umbau auf unbestimmte Zeit geschlossen. (B 17–18)

## Capbreton

Der schöne Badeort (4700 Ew.) und ehemalige Fischerhafen ist nur durch den Kanal Boudigau vom benachbarten Hossegor getrennt. In den letzten Jahren hat sich der Badeort fast explosionsartig zu einem modernen, großen Seebad entwickelt. Es entstanden Ferienhausanlagen, ein großer Yachthafen, Promenaden, Sportanlagen. Der gut geschützte Hafen ist der einzige Landeplatz zwischen Arcachon und Bayonne. Am schönsten wohnt man im alten Ortsteil direkt hinter dem Strand, der hier nicht so breit ist wie im unmittelbar benachbarten Hossegor. Im Kasino, Front de Mer, wird Roulette, Black Jack und Boule gespielt; Treffpunkte sind hier auch der Calao-Club und die Piano-Bar Le Pub. Neben Wassersport, vom Surfen über Segeln bis Tauchen, werden Tennis (19 Plätze) und Reiten großgeschrieben. Im Kasino das sehenswerte *Écomusée de la pêche et de la mer, tgl. 9–12 und 14–17 Uhr. Hotels: Aquitaine, Av. de Lattre de Tassigny, Tel. 58 72 38 11, 30 Zi., Kategorie 3; Miramar, direkt am Meer gelegen, Tel. 58 72 12 82, 44 Zi., Kategorie 2; Restaurants: Le Bateau Ivre, Quai Pêcherie, Tel. 58 72 26 65, Kategorie 3; Café Bellevue, Av. Georges Pompidou, Tel. 58 72 10 30, Kategorie 3; Le Regalty, Quai Pêcherie, Tel. 58 72 22 80, Kategorie 2; Auskunft: Office de Tourisme, Tel. 58 72 12 11* (B 17)

## Dax

Die lebhafte Kleinstadt (19 500 Ew.) am Ufer der Adour ist ein vielbesuchter Kurort. In den heilkräftigen Thermalquellen kurierten sich schon die Römer. Die Fontaine Chaude entspringt mit täglich rund 2,5 Millionen Litern bei einer Temperatur von 63 Grad in einem arkadengesäumten großen Becken in der Stadt. Schöne Parkanlagen laden zu Spaziergängen ein. (C 17)

## Hossegor

★ Getrennt von Capbreton durch einen Kanal, erstreckt sich

der schöne Badeort Hossegor nordwärts am Meer und um einen Salzwassersee. Prächtige Villen im baskischen Stil, Kiefernwald und ein Ortszentrum mit schicken Boutiquen und Geschäften aller Art. *Restaurant: Les Huîtrières du Lac, 1187, Av. du Touring-Club, Tel. 58 43 51 48, Kategorie 2; Hotel: Lacotel, Av. du Touring-Club, Tel. 58 43 93 50, 43 Zi., Kategorie 2; Auskunft: Office de Tourisme, Pl. Pasteur, 40 150 Hossegor, Tel. 58 43 72 35* (B 17)

### Labenne-Océan

Der kleine, charmant-schlichte Badeort zwischen Biarritz und Capbreton mit seinem weiten, feinsandigen Strand bietet außer Badefreuden vielfältige Wassersportmöglichkeiten. Zahlreiche Privatunterkünfte, Ferienhäuser und Campingplätze finden sich im Pinienwald. *Auskunft: Office de Tourisme, 40 530 Labenne, Tel. 59 45 40 99* (B 17)

### Port d'Albret

Um einen künstlichen See gruppieren sich die nagelneuen Ferienhäuser und Serviceeinrichtungen dieses Badeortes aus der Retorte. Mit den Jahren gewinnt das Ganze wohl noch an Atmosphäre, die das angrenzende ältere Vieux-Boucau bereits zu bieten hat, wenn man auf der schönen Promenade Mail flaniert. *Auskunft: Office de Tourisme, Le Mail de Port d'Albret, 40 480 Vieux-Boucau, Tel. 58 48 13 47* (B 16)

### Vieux-Boucau-les-Bains

Vor vierhundert Jahren änderte die Adour ihren Lauf, so daß der Hafen von Vieux-Boucau (damals Port d'Albret) im Lauf der Zeit verlandete. Für Strandleben

ohne allzuviel Rummel empfiehlt sich dieser bescheidene Badeort. *Hotel: Côte d'Argent, Tel. 58 48 13 17, Kategorie 2/3. Auskunft: Office de Tourisme, Le Mail de Port d'Albret, 40 480 Vieux-Boucau, Tel. 58 48 13 47* (B 16)

## BORDEAUX

Die größte Stadt (212 000 Ew.) der Atlantikküste und Hauptstadt des Departements Gironde hat mit den prächtigen Stränden der Côte d'Argent und den weltberühmten Weinschlössern des Bordelais ein Umfeld von großem Reiz. Abgesehen davon ist die Stadt selbst alles andere als nur ein Etappenziel. Durch seine großartige Lage an der breiten, schiffbaren Garonne und die Grandeur seiner Architektur bildet Bordeaux eine Sehenswürdigkeit ersten Ranges. Neben einer Reihe interessanter Museen, Galerien und Kirchen hat Bordeaux schöne Gärten und Parks, in denen man sich vom Stadtbummel erholen kann — wenn man nicht vorzieht, in einem der stilvollen Cafés einen *petit noir* oder *apéritif* zu trinken. Es lohnt sich also, zumindest eine Übernachtung für die alte Weinhandelsstadt und heutige Handels- und Verwaltungszentrale Südwestfrankreichs einzuplanen. (C 11—12)

### BESICHTIGUNGEN

### Cathédrale St-André

Die Kathedrale mitten in der Stadt wurde im 12. Jh. begonnen (Schiff). Querschiff und Chor sind gotisch (14. Jh.). Die Porte Royale auf der Nordseite hat hervorragenden gotischen Figurenschmuck (Jüngstes Gericht, Auferstehung der Toten). Neben dem Chor erhebt sich an kleinem Platz die stattliche Tour Pey Berland von 1440, der Glockenturm der Kathedrale.

## Esplanade des Quinconces

Der größte Platz Europas (12 000 m²), wurde 1818–28 angelegt. Das große Monument aux Girondins mit fast 50 Meter hoher Säulenreihe, der Freiheits-

statue und zwei prächtigen Fontänen mit Bronzeskulpturen erinnert an die 1792 hingerichteten Girondisten.

## Grand Théâtre

Das 1773–80 von dem Architekten Victor Louis erbaute Theater mit seinen zwölf korinthischen Säulen an der Place de la Comédie gilt als einer der schönsten Bauten Frankreichs. Hauptsächlich werden hier heute Konzerte

*Die schöne Altstadt von Bordeaux verleitet zu langen Spaziergängen*

gegeben; 1990 wurde ein neues Theater, Théâtre du Port de la Lune, in einem architektonisch sehr gelungenen Umbau einer ehemaligen Zuckerfabrik aus dem 19. Jh. eröffnet.

## Place de la Bourse
Mit dem Brunnen der Drei Grazien in der Mitte, bilden die 1730−55 errichteten Bauten am Garonnequai ein Ensemble von beeindruckender Eleganz und Geschlossenheit. Außer der Börse sind hier das Zollamt und das Musée de la Marine untergebracht.

## Ponts de Pierre und d'Aquitaine
Von den drei Brücken über die Garonne ist der 1813−21 erbaute Pont de Pierre die älteste (Länge 486 m). Weiter nördlich überspannt die 1967 eröffnete große Hängebrücke Pont d'Aquitaine, Länge 679 m, Höhe 53 m, die Garonne.

## Vieux Bordeaux
Als »altes Bordeaux« wird der größte Teil der Innenstadt bezeichnet, mit schmalen Straßen und schönen alten Bürgerhäusern. In den Fußgängerzonen liegen die Geschäfte dicht an dicht (Rue Ste-Catherine südlich des Grand Théâtre und abzweigende Nebenstraßen).

## MUSEEN

### Musée d'Aquitaine
Die Geschichte Bordeaux' und seines Hafens, Bürgertum und ländliches Leben ganz Aquitaniens werden in vielseitigen Sammlungen vor Augen geführt. *20, Cours Pasteur, Di−So 10−18 Uhr*

### Musée d'Art Contemporaine
In einem der interessantesten Museen von Bordeaux, untergebracht in den alten Lagerhäusern für exotische Gewürze, wird heute moderne Kunst aus aller Welt in wechselnden Ausstellungen und Veranstaltungen nahegebracht. *Rue Ferrère, Di−So 10 bis 19 Uhr, Mi bis 22 Uhr*

### Musée des Beaux Arts
Große Gemäldesammlungen der venezianischen Schule, der holländischen Meister und der französischen Malerei des 19. Jhs. *Cours d'Albret, Mi−Mo 10−18 Uhr*

### Musée des Chartrons
★ In einem schönen Bürgerhaus des 18. Jahrhunderts ist das Museum der Weinhändler untergebracht. Alles, was mit der Lagerung, Abfüllung, Verpackung und Verschiffung der Bordeauxweine zusammenhängt, ist dargestellt. *43, Rue Borie, Di−Sa 10 bis 12.30 und 14−17.30 Uhr*

### Musée des Douanes
Umfassend und anregend wird die Geschichte des Zolls von der Antike bis heute präsentiert. *1, Pl. de la Bourse, Di−So 10−12 und 13−18 Uhr*

## RESTAURANTS

In Bordeaux gilt Essen als Kunst. Aber man speist auch ausgezeichnet zu moderaten Preisen. Mittags bieten viele Restaurants Menüs um 60 Francs.

### Le Bistro du Sommelier
Gemütlich und preiswert; der Patron ist der erste Kellermeister Aquitaniens. *167, Rue Georges-*

*Bonnac, Tel. 56 96 71 78, So geschl., Kategorie 3*

### Le Castan

Als Muschelgrotte gestaltet, leckere Fischgerichte, auf Bestellung gibt's auch die Platte mit Meeresfrüchten. *2, Quai de la Douane, Tel. 56 81 85 23, Sa und Mi geschl., Kategorie 3*

### Chez Joël D.

Spezialität sind hier Austern. Im Menü ist der Wein enthalten. *13, Rue des Pilliers de Tutelle, Tel. 56 52 68 31, Kategorie 2*

### Le Noailles

Im Stil einer Brasserie um 1900 eingerichtet. Besonders freundlicher Service und ausgezeichnete Küche. *12, Allée de Tourny, Tel. 56 81 94 45, Kategorie 2*

### Le T. G. V. Gascon

Vis à vis dem Hauptbahnhof Gare St-Jean liegt das nach dem Hochgeschwindigkeitszug Train à Grande Vitesse benannte, gemütliche Restaurant mit feiner Küche und freundlicher Bedienung. *27, Rue Charles-Domercq, Tel. 56 92 29 83, Kategorie 2*

### La Tupiña

Ländliche Atmosphäre und eine vorzügliche Küche zu sehr vernünftigen Preisen. Hier kann man auch ausgezeichnete Produkte Aquitaniens und wenig bekannte, aber gleichwohl köstliche Weine kaufen. *6, Rue Porte de la Monnaie, Tel. 56 91 56 37, So geschl., Kategorie 2*

## EINKAUFEN

Wer nicht zum Weinkauf auf die Schlösser des Bordelais fahren will, hat dazu in Bordeaux viele Gelegenheiten. Auch die Märkte sind einen Besuch wert. Die Hauptgeschäftsstraße ist die Rue Ste-Catherine.

### Wein

*Conseil Interprofessionel du Vin de Bordeaux, 1, Cours du 30 Juillet;*
*La Vinothèque, 8, Cours du 30 Juillet;*
*Bordeaux Magnum, 3, Rue Godineau*

### Markthallen und Märkte

*Les Capucins, Pl. des Capucins*
*Grand Marché Municipal, Cours Victor Hugo*
*Marché des Chartrons, Pl. des Chartrons*
*Marché Neuf, Places Meynard et Canteloup (Trödelmarkt)*

## HOTELS IN DER STADT

### Hôtel Burdigala

Elegant eingerichtetes, nobles Hotel. *115, Rue Georges-Bonnac, Tel. 56 90 16 16, 83 Zi., Kategorie 1*

### Hôtel Majestic

Beim Grand Théâtre gelegenes, elegantes Hotel in einem Haus aus dem 19. Jahrhundert. Eigener Parkplatz. *2, Rue de Condé, Tel. 56 52 60 44, 49 Zi., Kategorie 2*

### Hôtel des Quatre Sœurs

Die hübschesten Zimmer gehen zum Innenhof. *6, Cours du 30 Juillet, Tel. 56 48 16 00, 37 Zi., Kategorie 1/2*

### Hôtel Trianon

Das zentral gelegene Hotel garni in einem alten Bürgerhaus bietet gutbürgerlichen Komfort. *5, Rue Temple, Tel. 56 48 28 35, 19 Zi., Kategorie 2*

### Château de Commarque

Stilvolle, private Atmosphäre. Das Weingut verfügt über ein Schwimmbad; man kann auch Halbpension buchen. *33 210 Sauternes, Tel. 56 63 65 94, 7 Zi., Kategorie 3* (F 13)

### Château Cordeillan-Bages

★ Ideal gelegen für Weinliebhaber, die ins Médoc ausschwärmen wollen. Neben komfortablen Zimmern hat das Château ein ausgezeichnetes Restaurant. *33 250 Pauillac, Tel. 56 59 24 24, 15 Zi., Kategorie 1* (C 10)

### Château Lagrange de Luppé

Annex des Hotels La Citadelle, schön in Blaye am Ostufer der Gironde gelegen. Schwimmbad und Tennisplätze, gute Küche mit Spezialitäten des Bordelais. *33 390 Blaye, Tel. 57 42 80 20 oder 57 42 17 10 (La Citadelle), 21 Zi., Kategorie 2/3* (C 10)

### Château de Malmoré

In dem Weinschloß südöstlich von Bordeaux nahe Langon war einst Toulouse-Lautrec zu Besuch. Es ist zu besichtigen. Außerdem gibt's acht Gästezimmer. Weinproben. *St-André-du-Bois, 33 490 St-Macaire, Tel. 56 63 74 92, 8 Zi., Kategorie 1/2* (F 13)

### Château de Roques

Das Weinschloß mit Gästezimmern liegt nordöstlich von St-Émilion. *33 570 Puisseguin, Tel. 57 74 69 56, Kategorie 3* (D 11)

### Domaine de Fompeyre

In großem Park liegt das zu einem wunderschönen Hotel umfunktionierte alte Anwesen bei Bazas 50 km südlich von Bordeaux. Interessante Küche. *33 430 Bazas, Route de Mont-de-Marsan, Tel. 56 25 98 00, 31 Zi., Kategorie 2* (F 14)

❖ Das Kleinkunsttheater *L'Onyx, 13, Rue Fernand Philippart, Tel. 56 44 40 04*, ist das älteste der Provinz. Gute Musik und ausgezeichnete Cocktails gibt's in *Le Salon Jaune, 32, Rue Cornac, Tel. 56 44 47 67*. Zum Tanzen empfiehlt sich *Le Sénéchal, 57 bis, Quai de la Paludate, Tel. 56 85 54 80*.

### Office de Tourisme

*12, Cours du 30 Juillet, 33 080 Bordeaux Cedex, Tel. 56 44 28 41*

### Bazas

Das auf einem Felsen über der Beuve gelegene, kleine Städtchen (5000 Ew.) im hügeligen Bazanais südlich von Bordeaux besitzt mit der Kathedrale Saint-Jean eine der schönsten gotischen Kirchen Aquitaniens. Baubeginn 1233, teilweise nach Zerstörungen durch die Hugenotten im 16. und 17. Jahrhundert wiederaufgebaut. An den Portalen findet sich reicher Figurenschmuck. Eindrucksvoll und zugleich schlicht ist das Schiff; im Chor der prunkvolle Altar (17. Jh.) in verschiedenfarbigem Marmor. Vom terrassenförmig angelegten Jardin de l'Ancien Évêché bei der Kathedrale oberhalb der alten Stadtmauer hat man eine schöne Aussicht auf das Tal der Beuve. (F 14)

## Bergerac

Der Ausflug an die Dordogne führt über die lebhafte Stadt (27000 Ew.) östlich von Bordeaux. Außer dem Bummel in den Gassen der Altstadt lohnt sich ein Besuch des *Musée du Tabac in der Maison Peyrarède, Rue de l'Ancien Pont, tgl. 10–12 und 14 bis 17 Uhr.* Sieben km südlich von Bergerac liegt Château de Monbazillac, berühmt für seinen aromatischen Weißwein; *Besichtigung und Weinprobe unter Tel. 53 5708 38* (F 12)

## Blanquefort

In dem am nördlichen Stadtrand von Bordeaux gelegenen Ort sind die Ruinen des Château Duras (13. Jh.) mit turmbewehrter Befestigung sehenswert. (C 11)

## Blasimon

Bei dem kleinen Dorf südlich von Castillon-la-Bataille sind die prachtvollen Reste einer Benediktinerabtei zu besichtigen. Die Kirche aus dem 12./13. Jahrhundert besitzt mit dem figurengeschmückten Westportal ein eindrucksvolles Beispiel romanischer Kunst. (D 12)

## Blaye

Die stattliche Zitadelle am Ufer der Gironde ist die Hauptattraktion des Weinstädtchens (4800 Ew.). Bereits die Römer hatten hier ein Militärlager. 🔆 In der Zitadelle mit Befestigungen von Vauban sind vom mittelalterlichen Château Rudel zwei Türme erhalten (Aussicht!). (C 10)

## Bombannes

Mitten im Pinienwald zwischen Ozean und Westufer des Lac d'Hourtin-Carcans wurde auf 2000 Hektar eine *base de plein air* hingestellt. Diese Freiluftanlage umfaßt zahlreiche Sporteinrichtungen wie ein Centre Nautique, Schwimmbad, Tennisplätze, Kulturzentrum und Bogenschießanlage. Interessantes *Musée des Arts et Traditions Populaires des Landes, Mitte Juni–Ende Aug. tgl. nachmittags.* (B 10)

## Bourg

Das alte, befestigte Städtchen (2000 Ew.) liegt schön nahe der Dordognemündung in die Gironde. Im Osten das Château de la Citadelle (17. Jh.), einst Sommersitz der Erzbischöfe von Bordeaux. Unter dem Schloß erstreckt sich ein Labyrinth von Galerien, die als Weinlager dienen. (C 11)

## Cadillac

Die Ende des 13. Jahrhunderts gegründete Bastide (3000 Ew.) am Ufer der Garonne besitzt noch Reste der Stadtmauer aus dem 14. Jahrhundert mit der Porte de Mer, die zum Hafen führt. Auf einem Kalkhügel erhebt sich majestätisch das Château des Ducs d'Epernon, erbaut 1598 bis 1620 für den prunkliebenden Jean Louis de Nogaret de Lavalette, der von Heinrich IV. zum Duc d'Epernon gemacht wurde. In den weiträumigen Wohngemächern acht reichverzierte, riesige Marmorkamine. In einem der Schloßflügel ist die *Maison du Vin et la Confrérie Vineuse* untergebracht. *Tgl. 10–12 und 14–19 Uhr* (F 13)

## Castillon-la-Bataille

Wie der Name des Ortes (3200 Ew.) andeutet, fand hier eine Schlacht statt. 1453 besiegten die

*Pflichtprogramm für Weinfreunde: ein Besuch von Château Margaux*

Franzosen die Engländer, womit deren Vorherrschaft in Aquitanien endgültig gebrochen war. Alljährlich im Juli und August lassen die Dorfbewohner das Ereignis in einem farbenprächtigen historischen Schauspiel wiederaufleben (s. S. 28). (D 12)

### Château La Brède

Auf dem südlich von Bordeaux gelegenen Wasserschloß, einer reizvollen Anlage aus dem 12. bis 15. Jh., wurde 1689 Charles de Segondat, der spätere Baron Montesquieu und weltberühmte Autor des »Esprit des Lois«, geboren. *Tgl. 9.30–11.30 und 14.30–17.30 Uhr, Mitte Nov.–Mitte Mai geschl.* (C 12)

### Château Lafite-Rothschild

Zählt zu den berühmtesten Weinen der Welt. Bereis im 18. Jahrhundert war er bei königlichen Festessen unentbehrlich. Die Weinlager können täglich außerhalb der Erntezeit besichtigt werden. (C 10)

### Château Lanessan

Südlich von Pauillac im Médoc liegt das charmante Weinschloß, wo man in höchst angenehmer Atmosphäre Wein probieren kann. Eine nicht minder große Attraktion ist das wunderschöne, reich ausgestattete *Musée du Cheval* von Lanessan. *Tgl. 9.30–11.30 und 14–17.30 Uhr* (C 10)

### Château de Malle

Bei der Besichtigung dieses charmanten Schlosses im Weinbaugebiet Sauternes sieht man auch einige Räume des reich mit schönen alten Möbeln ausgestatteten Schlosses. Zauberhaft sind auch die in Terrassen nach italienischem Vorbild angelegten Gärten. *Führung im Sommer tgl., Tel. 56 63 28 67* (E 13)

### Château Margaux

Der Name bürgt für absolute Spitzenklasse unter den großen Weinen der Welt. So teuer das Produkt, so schwierig die *Besichtigung (tgl. außer Sa und So) der Weinlager: nur nach telefonischer Voranmeldung (56 88 70 28) lange im voraus.* (C 11)

### Château Mouton-Rothschild

Etwas einfacher als bei Château Margaux ist der Besuch dieses nicht minder berühmten Weingutes, gelegen in dem Weiler Pouyalet nördlich von Pauillac. In den alten Weinkellern ist ein hochinteressantes *Muséee du Vin* eingerichtet; *tel. Voranmeldung unter 56 59 22 22.* (C 10)

## Dordogne

Besonders schön ist der Fluß ab Lalinde, östlich von Bergerac, wo er in berühmten Schleifen (Cingle de Trémolat, Cingle de Montfort), flankiert von hohen Kalkfelsen, durch eine Bilderbuchlandschaft zieht. An und auf dem Felsenufer liegen Burgen und Ortschaften wie Siorac, Beynac, Domme. Romantisches, erstklassiges *Hotel: Vieux Logis, 24 510 Trémolat, Tel. 53 22 80 06, 14 Zi., Kategorie 1* (F 12/O)

## Entre-Deux-Mers

Östlich von Bordeaux erstreckt sich zwischen Garonne und Dordogne das Weinbaugebiet. Bei einer Fahrt über Libourne, St-Émilion, Pomerol lernt man einige der berühmtesten Weinorte des Bordelais kennen. (D 12)

## Graves

Das südlich an Bordeaux grenzende Weinbaugebiet ist nicht groß, aber für seine vollen und weichen Rotweine und Château La Brède bekannt. (C 12)

## Hourtin-Plage

Strandvorposten der Ferienregion am oberen Ende des riesigen Lac d'Hourtin: endloser Strand, Dünen und beiderseits Kiefernwald. Wassersport, mit Zentrum ✪ Hourtin-Port, wird auf dem See großgeschrieben. Hunderte von Ferienhäusern säumen die Ufer. Am Westufer des Sees liegt Bombannes, ein ausgedehntes Freizeitgebiet mit nautischem und Kulturzentrum, Schwimmbad, Tennisplätzen und vielen anderen Sporteinrichtungen. *Auskunft: Syndicat d'Initiative, Rue des Écoles, 33 990 Hourtin, Tel. 56 09 15 57* (B 10)

## Lacanau-Océan

59 km westlich von Bordeaux liegt das bedeutendste Seebad der oberen Côte d'Argent. In den letzten Jahren ist die traditionelle Sommerfrische der Städter mit einer großen Uferpromenade, zahlreichen Neubauten (auch in Beton) und modernen Serviceeinrichtungen auf den Stand unserer Zeit gebracht worden. Große Dünen begrenzen den endlosen Sandstrand, dahinter erstreckt sich ein prächtiger Kiefernwald, in den die alten Ferienhäuser gebettet sind. Ein Wassersportparadies ist der große Lac de Lacanau. Stark gewachsen ist auch der Ort Lacanau an seinem Ostufer. *Auskunft: Office de Tourisme, 33 680 Lacanau, Tel. 56 03 21 01* (A 10)

## Médoc

Das Weinbaugebiet am Westufer der Gironde bringt einige der berühmtesten Weine hervor. Dabei muß zwischen Médoc und Haut-Médoc unterschieden werden. In letzterem liegen berühmte Weingüter wie Château Margaux, Château Mouton-Rothschild, Château Latour. *Besichtigungen organisiert die Maison du Tourisme et du Vin du Médoc, Pauillac* (C 10–11)

## Montalivet-les-Bains

Paradiesische Zustände herrschen hier seit den fünfziger Jahren; damals entstand hier der erste Ferienplatz für FKK-Anhänger, die in Frankreich als *nudistes* bezeichnet werden. Jeden Sommer kommen Tausende in dieses größte FKK-Zentrum Europas. *Auskunft: Centre Helio-Marin, 33930 Vendays-Montalivet, Tel. 56 09 30 47* (B 9)

### Plage du Pin-Sec

Der einsame Strand nördlich von Hourtin-Plage ist ein beliebter Nudistenplatz. (B 9)

### Le-Porge-Océan

Ein Village Naturiste mit Chalets findet sich an diesem einsam gelegenen Strand südlich von Lacanau-Océan. *Auskunft: La Jenny, 33680 Le Porge, Tel. 56 26 56 90* (A 11)

### St-Émilion

Das berühmte Weinstädtchen (3000 Ew.) östlich von Bordeaux liegt schön auf zwei Hügeln, umgeben von Weinfeldern, auf denen namhafte Crus wachsen. Sehenswert ist die außergewöhnliche, in den Felsen gebaute Église Monolythe (9.–12. Jh.) mit sehr schön gestaltetem Schiff. Daneben liegt die kleine Chapelle de la Trinité (13. Jh.). ⚜ Schöner Blick vom Turm des Château du Roi (13. Jh.). (D 11)

### Soulac-sur-Mer

Das charmante alte Familienbad (2500 Ew.) an der Nordspitze der Côte d'Argent ist mit dem südlich angrenzenden verträumten L'Amélie-sur-Mer ein erholsames Plätzchen mit schönem Strand, Pinienwald auf den Dünen und hübschen Villen. Der Strand ist durch eine Sandbank vor hohen Wellen geschützt. *Hotels: Dame de Cœur, 103, Rue de la Plage, Tel. 56 09 80 80, 16 Zi., Kategorie 2; Hotel des Pins, L'Amélie, Tel. 56 09 80 01, 35 Zi., Kategorie 2; Résidence G. Capdeville, Route de L'Amélie, Tel. 56 09 88 01, 46 Zi., Kategorie 3; Auskunft: Office de Tourisme, 33780 Soulac-sur-Mer, Tel. 56 09 86 61* (B 8)

### Le Verdon-sur-Mer

An der Girondemündung gelegener Badeort und Hafen. Als Ferienort wenig geeignet. Von der nahen Pointe de Grave pendelt eine kleine Autofähre über die Gironde nach Royan (30 Min.). Im Sommer lange Warteschlangen. (B 8)

## MIMIZAN

★ Der sechs km von der Küste schön am Ende des Lac d'Aureilhan gelegene Ferienort Mimizan (7500 Ew.) bildet praktisch mit Mimizan-Plage einen Ort. Mimizan hat eine lange Geschichte. In römischer Zeit lag hier der Hafen Segosa, und im Mittelalter war Mimizan eine Station am Pilgerweg nach Santiago de Compostela. Im 14. Jahrhundert wurden der alte Hafen und ein großer Teil des Ortes unter Wanderdünen und Flugsand begraben. Mit der Aufforstung der Landes im 19. Jahrhundert gewann er neue Bedeutung und ist heute ein besuchter Ferienort, vor allem dank dem großen Badeort Mimizan-Plage, den man zu Recht »Perle der Côte d'Argent« nennt. Hier hat man viel neu gebaut: die große Uferpromenade mit Fußgängerzone, schicke Appartementhäuser, Hotels, Ferienhäuser und Einkaufszentrum. Insgesamt macht das einen sympathischen Eindruck in Verbindung mit dem Zentrum eines »historischen« Familienbades. Es gibt drei prächtige, bewachte Badestrände (Plage Nord, Plage Sud und Plage du Courant), zahlreiche Hotels, Pensionen, Ferienhäuser und -wohnungen sowie drei schön im Kiefernwald gelegene Campingplätze. Sport wird großgeschrieben, von Surfen über Segeln, Tennis bis Reiten und Wandern im Kiefernwald. (C 14/15)

## BESICHTIGUNGEN

### Abbaye Bénédictine

An der Straße von Mimizan nach Mimizan-Plage lag eine bedeutende und reiche Benediktinerabtei, die bis auf den Glockenturm von den Wanderdünen begraben wurde. An dem Turm ist ein prächtig mit Figuren geschmücktes romanisches Portal erhalten. In einem westlich vom Turm gelegenen Saal ist die Geschichte der Abtei dokumentiert. *Im Sommer tgl. nachmittags*

### Denkmal der Atlantikflieger

In Mimizan-Plage steht am Ende der Rue Assolant et Lotti ein Denkmal, das an die Notlandung der Flieger Lefèvre, Assolant und Lotti nach ihrem Nordatlantikflug im Juni 1929 erinnert. ⬇ Schöner Blick von der Düne.

## MUSEUM

### Musée du Vieux Bourg

Von Archäologie über Volkskunst, die Geschichte der Abtei und die Nutzung des Waldes bis zu alten Handwerkszweigen reichen die Themen der Ausstel-

lung. *Mimizan, Mitte Juni–Mitte Sept. Mo–Fr 10–12 und 14.30 bis 18.30 Uhr, Sa 14.30–18.30 Uhr*

## RESTAURANTS

### Au Bon Coin du Lac

Ausgezeichnetes und preiswertes Fischmenü. Auch 9 Zimmer. *34, Av. du Lac, Tel. 58 09 01 55, Kategorie 2*

### Le Bistro

Nettes, preiswertes Restaurant in Mimizan-Plage. *8, Av. Maurice Martin, Tel. 58 09 08 56, Kategorie 3*

### Le Jardin Exotique

In der Fußgängerstraße zum Strand gelegenes Restaurant mit guter Küche. *Mimizan-Plage, Tel. 58 09 32 47, Kategorie 3*

### A Noste

Hier speist man auf der Terrasse, mit Blick auf Strand und Meer. *7, Bd. Côte d'Argent, Mimizan-Plage, Tel. 58 09 31 34, Kategorie 2/3*

### La Palangre

Spezialitäten sind Fischgerichte und Meeresfrüchte. *30, Rue de Bel-Air, Mimizan-Plage, Tel. 58 09 36 02, Kategorie 2*

## EINKAUFEN

Jeden Donnerstag findet im Sommer in Mimizan-Plage ein großer Straßenmarkt statt. Es gibt auch eine Markthalle (Marché Couvert).

## HOTELS

### Bellevue

Bei der Plage du Nord liegt das gepflegte Hotel. *Rue du Pont, Tel. 58 09 05 23, 36 Zi., Kategorie 3*

### Hôtel de France

Das Familienhotel erfreut sich einer bevorzugten Lage direkt an der Strandpromenade. *Bd. Côte d'Argent, Tel. 58 09 09 01, 21 Zi., Kategorie 3*

### Le Plaisance

Kleines, gemütliches Hotel mit hübschem Garten und Restaurant. *Mimizan-Plage, 10, Rue des Cormoranes, Tel. 58 09 08 06, 9 Zi., Kategorie 2/3*

## AM ABEND

Beliebt sind die Diskotheken *L'Excuse*, *La Palmeraie* und *Le Roxy*, alle in Mimizan-Plage.

## SPIEL UND SPORT

Im Club Nautique im Freizeitzentrum *»Eurolac« in Aureilhan* kann man Segelboote, Windsurfbretter und Tretboote leihen. Strandsegler *(char à voile)*, Surfbretter und Segelboote verleiht auch die *École Club in Mimizan*. Über acht Plätze verfügt der *Tennisclub in Mimizan-Plage, Avenue de Leslurgues*. Reiter wenden sich an *Relais Equestre Le Marina in Mimizan-Plage*. Fahrradverleih: *Cyclo Land, 8, Rue du Casino, Mimizan-Plage*, und *Yser Cyclo, 23, Rue Brémontier, Mimizan-Plage*.

## AUSKUNFT

### Office de Tourisme

*40 200 Mimizan-Plage, Tel. 58 09 11 20*

## ZIELE IN DER UMGEBUNG

### Biscarrosse-Plage

Man erreicht den in den letzten Jahren stark modernisierten Badeort (3000 Ew.) auf einer schönen Straße durch bewaldete Dünenlandschaft. Der Strand ist ausgezeichnet. *Hotel in Biscarrosse: Les Jardins de l'Océan*, neues Haus mit schönem Garten und Swimmingpool. Gute Küche. *1068, Av. de l'Océan, Tel. 58 78 28 48, Kategorie 2/3*. Sehenswert das *Musée de l'Hydravion* (Museum der Wasserluftfahrt), *tgl. 15—19, Sa und So 15—18 Uhr (15. Juni—15. Sept.)*. Unterkunft Biscarrosse-Plage: *Auberge Régina, Av. Libération, Tel. 58 78 23 34, 10 Zi., Kategorie 2/3*. Restaurant: *Restaumer*, hier bestellt man vor allem Fischgerichte. *Tel. 58 78 20 26, Kategorie 2*. Auskunft: *Office de Tourisme, Av. de la Plage, 40 600 Biscarrosse, Tel. 58 78 20 96* (C 13)

### Château Garreau

Vier km südöstlich von Labastide-d'Armagnac liegt dieses Schloß mit dem *Musée du Vigneron d'Armagnac* in einer Scheune aus dem 16. Jh. sowie *Chais* (Weinlager) *d'Armagnac*, wo man den Armagnac probieren kann. *Tel. 58 44 84 35, tgl. 9—12 und 14 bis 19 Uhr* (F 16)

### Contis-Plage

Kleiner Badeort am Courant de Contis, einem Wasserarm, der im Atlantik mündet. Hier steht der einzige Leuchtturm (38 m hoch) an der Küste zwischen Arcachon und Capbreton. *Hotel: Neptune, Tel. 58 42 85 28, 16 Zi., Kategorie 3* (C 15)

### Courant d'Huchet

Vom Étang de Léon windet sich der Strom durch eine exotisch-üppige Landschaft und mündet bei Huchet ins Meer. Der Courant d'Huchet gilt als schönster

Fluß der Landes. Von Léon werden im Sommer Bootsfahrten veranstaltet. *Anmeldung: Tel. 58 48 75 39* (B 16)

### Labastide-d'Armagnac

Rings um die Place Royale ist die Bastide noch so erhalten, wie sie zur Zeit ihrer Gründung durch den Grafen von Armagnac, Bernard IV., Ende des 13. Jhs. ausgesehen hat. Die alten Häuser, teils in schönem Fachwerk und Ziegeln, bilden mit ihren Arkaden ein reizvolles Ensemble. Sehenswert auch die Kirche und eine *Trachtenausstellung (Di–Sa 14.30–18.30 Uhr).* (F 16)

### Léon

Der hübsche Ort (1500 w.) liegt sieben km vom Meer am waldumsäumten Lac de Léon. Mit seinen Feriendörfern, Campingplätzen, netten, kleinen Hotels und Sporteinrichtungen wie 9- und 18-Loch-Golfplatz, Reitcenter und Segelschule ist er besonders für Familien mit Kindern geeignet. *Auskunft: Syndicat d'Initiative, 40550 Léon, Tel. 58 48 76 03* (B 16)

### Lévignacq

Das kleine, reizende Dorf rund 30 km südlich von Mimizan ist mit seinen Fachwerkhäusern eines der am besten erhaltenen der Landes. Ungewöhnlich die im 14. Jh. zu Verteidigungszwecken umgebaute Kirche mit dem Glockenturm im Stil eines Befestigungsturmes. Im Innern schönes, bemaltes Holzgewölbe und Altartafel im Chor. (C 15)

### Lit-et-Mixe

Wer dörfliche Atmosphäre dem Highlife vorzieht, ist hier richtig.

Der hübsche Ort bietet praktisch alle touristischen Einrichtungen, Ferienhäuser, Privatzimmer und mehrere Campingplätze. Prächtig wie der naturbelassene Strand auch die Pinienwälder ringsum. Zu den Stränden Cap de l'Homy, South Contis und Yons (letztere unbewacht) sind es rund sieben km. *Auskunft: Syndicat d'Initiative, 40170 Lit-et-Mixe, Tel. 58 42 72 47* (C 15)

### Moliets-et-Maa

Die Kombination von Strand, Wald und Binnensee ist die Attraktion des kleinen Ortes südlich von Léon. An der Küste liegt 2,5 km entfernt Moliets-Plage mit großem Campingplatz und einigen Ferienhäusern. Neben Surfen, Windsurfen und Funboard stehen für Golfer je ein 27-, 18- und 9-Loch-Platz bereit, ferner Tennisplätze, Leihfahrräder, Pferde u. a. *Auskunft: Syndicat d'Initiative, 40666 Moliets-et-Maa, Tel. 58 48 50 13* (B/C 16)

### Mont-de-Marsan

Die Hauptstadt (30 000 Ew.) der südöstlichen Landes liegt reizvoll am Zusammenfluß von Midou und Douze. Besonders romantisch sind die kleinen Gassen mit alten Häusern, die sich von der Place de l'Hôtel-de-Ville hinunter zum Fluß hinziehen. In zwei ausgezeichnet restaurierten Bauten aus dem 14. Jahrhundert, einem Befestigungsturm (Donjon) und einem romanischen Haus, ist das Musée Municipal untergebracht. Es beherbergt zwei Museen: das *Musée Dubalen* enthält schöne Sammlungen zur Vorgeschichte, Tierwelt und eine ausgezeichnete Sammlung von Vögeln. Das *Mu-*

*sée Despiau-Wlérick* ist der modernen, figurativen Bildhauerei gewidmet. *Beide Museen tgl. 10—12 und 14—18 Uhr.* Im schönen Parc Jean-Rameau, der sich am Ufer der Douze hinzieht, stehen Werke des Bildhauers Charles Despiau. (E 16)

### Parentis-en-Born

Über die Erdölgewinnung in den Landes gibt das *Musée du Pétrol* anschaulich Aufschluß. *Ende Juni—Anfang Sept. tgl. 10—12.30 und 15—19 Uhr* (C 14)

### Sabres

Von Sabres fährt eine kleine Eisenbahn zu dem fünf km entfernten Freiluftmuseum *Ecomusée de la Grande-Lande.* Hier ist auf rund 70 Hektar Fläche das alte Leben in den Landes dargestellt. Den Mittelpunkt bildet das große Bauernhaus *(marquéze)* von 1824 mit seinen Nebengebäuden. Es ist ein schönes Beispiel des hiesigen Baustils mit dem Fachwerk der Lehmwände und dem dreifach gestaffelten Dach. Zu der Anlage gehören auch eine Wassermühle, eine Schäferei mit lebendem Inventar u.a. *Tgl. Mitte Juni—Mitte Sept. Hotel: Auberge des Pins,* schönes, großes Haus im Stil der Landes südlich von Bordeaux bei Bazas mit besonders angenehmer Atmosphäre, guter Küche und zauberhaften Mansardenzimmern. *40 630 Sabres, Route de la Piscine, Tel. 56 07 50 47, 26 Zi., Kategorie 2* (D 15)

### St-Girons-Plage

Fünf km von St-Girons (mit einer der ältesten romanischen Kirchen der Landes) gelegener Badeplatz. (B 15)

## ST-JEAN-DE-LUZ

★ Wer Biarritz zu groß und städtisch findet, hat mit dem alten Hafenstädtchen und eleganten Seebad (13 000 Ew.) eine sehr empfehlenswerte Alternative. Von den Badeorten der Atlantikküste ist St-Jean-de-Luz einer der schönsten. An der durch lange Molen vor der Dünung des offenen Meeres geschützten Bucht zieht sich ein kilometerlanger Sandstrand mit Promenade, Kasino, hübschen Villen und Appartementhäusern hin. In der gepflegten Altstadt mit ihren überwiegend im baskischen Stil gehaltenen Häusern, zahlreichen Geschäften und Boutiquen zu bummeln ist ein besonderes Vergnügen. Der typisch baskische Fischerhafen mit seiner großen Flotte bunter Boote und regem Treiben lebt dagegen nicht in erster Linie für und von Touristen. Bereits im 11. Jahrhundert war St-Jean-de-Luz ein wichtiger Fischerhafen, ein Stützpunkt der Walfänger. Heute werden Thunfische, Sardinen und Anchovis angelandet. Seine Bedeutung als Fischerhafen verdankt St-Jean-de-Luz nicht zuletzt der Tatsache, daß es die einzige geschützte Reede zwischen Arcachon und spanischer Grenze besitzt. (A 18)

BESICHTIGUNGEN

### Ciboure

Am linken Ufer des Flusses Nivelle liegen die malerischen baskischen Häuser von Ciboure (6200 Ew.), das praktisch mit St-Jean-de-Luz zusammengewachsen ist. Sehenswert ist hier die Église St-Vincent (16. Jh.) mit einem schönen Glockenturm. Neben der Kirche steht am Kai das Haus (Nr. 12), in dem 1875 der Komponist Maurice Ravel geboren wurde.

## Église St-Jean-Baptiste

Mit dreigeschossiger Galerie, bemalter Holzdecke und reich vergoldetem Altaraufsatz von 1670 ist dies die größte und schönste Kirche des Baskenlandes. Im Jahre 1660 fand hier die prunkvolle Trauung Ludwigs XIV. mit der spanischen Infantin Maria Theresia statt. Die Pforte, durch die das königliche Brautpaar die Kirche verließ, wurde nach der Trauung zugemauert.

## Hafen

Mit der Flotte der bunten Fischerboote, dem lebhaften Treiben beim Entladen und der malerischen Kulisse der umgebenden alten Häuser bietet der Hafen unverfälschte Atmosphäre und reizvolle Fotomotive.

## Maison de l'Infante

Am nördlichen Kai des Fischerhafens steht das schöne Haus, in dem vor ihrer Trauung mit Ludwig XIV. im Jahre 1660 die spanische Infantin Maria Theresia mit ihrer Mutter wohnte (keine Innenbesichtigung).

## Maison Louis-XIV

Ebenfalls am Hafen steht das Palais Ludwigs XIV., dessen Fassade mit Ecktürmchen stadtwärts gewandt ist. Eindrucksvoll ist das Innere, das mit seinen rustikalen Holzarbeiten der Treppe typisch baskisch wirkt. Bei der Besichtigung werden die Räumlichkeiten gezeigt, in denen 1660 Ludwig XIV. vor seiner Hochzeit

übernachtete, wo das Festbankett stattfand und das neuvermählte Brautpaar die Hochzeitsnacht verbrachte. Von der südwärts gewandten Galerie mit Arkadenbögen erblickt man die Pyrenäen. Auch die große Küche und der Speisesaal sind zu besichtigen. *Führungen Anfang Juni–Ende Sept.*

## Quartier der Reeder

Im nördlich an den Hafen angrenzenden Quartier hatten bis zum 18. Jahrhundert die Reeder ihre prachtvollen Häuser. Eine Sturmflut vernichtete 1749 zwei Drittel der Häuser, erhalten sind jedoch schöne Bauten in der Rue Mazarin wie die Maison St-Martin, Nummer 13.

## RESTAURANTS

### Le Grand Hotel

Man fühlt sich im großen, runden Saal mit Blick über die Bucht in die Zeit der Kaiserin Eugénie zurückversetzt. Vornehm, aber nicht steif, und ausgezeichnete Küche. *43, Bd. Thiers, Tel. 59 26 35 36, Kategorie 1*

### Kapa Gorri

Ein gemütliches Lokal, wo man baskische und spanische Spezialitäten auf den Tisch bringt. *9, Rue Paul Gelos, Tel. 59 26 04 93, Kategorie 3*

### La Réserve

Das Restaurant liegt herrlich mit Blick auf den Atlantik und die baskische Küste. Wählt man im Sommer das regelmäßig veränderte Menü unter 150 FF, ist man bestens bedient. *Rond-Point Sainte-Barbe, Tel. 59 26 11 74, Kategorie 2/3*

### Le Tourasse

In einem kleinen, alten Haus beim Hafen liegt dieses empfehlenswerte Restaurant. Die Küche ist gutbürgerlich, mit Spezialitäten der Region, sehr schmackhaft und preiswert. *25, Rue Tourasse, Tel. 59 51 14 25, Kategorie 3*

## EINKAUFEN

Shopping ist in der Altstadt mit ihren Fußgängerstraßen von der Église St-Jean-Baptiste bis zum Boulevard Thiers ein ausgesprochenes Vergnügen. Neben Geschäften mit baskisch inspirierter Freizeitmode finden sich hier Läden mit regionalen Spezialitäten, Antiquitätengeschäfte und Buchhandlungen.

## HOTELS

### Atherba

Das familiäre, kleine Hotel liegt nicht weit vom Strand. *10, Bd. Thiers, Tel. 59 26 14 14, 18 Zi., Kategorie 3*

### La Fayette

Hier schläft man – in Strandnähe – nicht nur angenehm, sondern ißt auch gut im angeschlossenen, anheimelnden Restaurant Kayola. *20, Rue République, Tel. 59 26 17 74, 16 Zi., Kategorie 2*

### Grand Hotel

In bevorzugter Lage am Strand, nahe dem Kasino. Der Komfort ist überdurchschnittlich. Auch das Restaurant wird hohen Ansprüchen gerecht. *43, Bd. Thiers, Tel. 59 26 35 36, 40 Zi., Kategorie 1*

### Ohartzia

In einer stillen Altstadtstraße, aber nur ein paar Schritte vom Strand, liegt das kleine Hotel mit einem schönen Garten. *28, Rue Garat, Tel. 59 29 00 06, 18 Zi., Kategorie 2/3*

## AM ABEND

Im eleganten *Kasino, 75, Rue Gambetta, Tel. 59 26 00 41*, trifft man sich zu Spiel und geselligem Beisammensein. Die besten Diskotheken sind *Le Caesar's, Av. André Ithurralde, Tel. 59 26 17 12*, und *Le Sun-Set, Route Nationale 10, Tel. 59 54 84 93.*

## AUSKUNFT

### Office de Tourisme

*Pl. Maréchal-Foch, 64 500 St-Jean-de-Luz, Tel. 59 26 03 16*

## ZIELE IN DER UMGEBUNG

### Arcangues

Kleines, malerisches Dorf auf einem Hügel südöstlich von Biarritz. ✷ Vom Friedhof bei der alten Kirche bietet sich ein schöner Panoramablick auf die Pyrenäen. (B 18)

### Baskenland

★ Auf einem Tagesausflug erlebt man das reizvolle baskische Hügelvorland der Pyrenäen. Die stillen Baskendörfer haben sich ihren ursprünglichen Charme und ihre typische Architektur – weiße Häuser mit rotbraunem Fachwerk und langgezogenen Dächern – erhalten. Man fährt Richtung Arcangues. Von dort über St-Pée-sur-Nivelle nach Ascain, schönes Dorf, das als Urlaubsort besucht wird. Südwestlich, bei Sare, geht von dem Paß Col de St-Ignace eine Zahnradbahn auf den Grenzgipfel La

Rhune (900 m).  Die Aussicht auf Pyrenäen, Meer und Hügelland ist grandios. Östlich von Sare liegt Ainhoa, ein weiteres schönes baskisches Dorf, dessen Anfänge bis ins 12. Jh. zurückgehen. Typisch baskisch auch die Kirche mit vergoldeten Holzarbeiten des Chores, Holzdecke und Holzgalerie in zwei Etagen. Auf dem Rückweg kommt man über den Kurort Cambo-les-Bains (5000 Ew.). Hier steht die große Villa Arnaga, 1903–06 im baskisch-labourdinischen Stil erbaut, mit einem schönen Garten, den der Dichter Edmond Rostand angelegt hat. Über Ustaritz zurück nach Biarritz und weiter nach St-Jean-de-Luz. (A–B 18)

## Bidart

An der hohen Felsenküste gelegenes Dorf. Von der schön gelegenen Chapelle de la Madeleine hat man eine hinreißende Aussicht. Eine steile Straße führt zu Strand und Uferpromenade.

Landesweit berühmte Schlemmeradresse ist *La Table des Frères Ibarboure, 30, Chemin de Taliena, Tel. 59 54 81 64, Kategorie 1.* Die beiden Brüder haben mit ihrem Restaurant das Baskenland in die kulinarische Landkarte Frankreichs eingetragen. (A 18)

## Corniche Basque

★ Die 28 km lange Küstenstraße zwischen St-Jean-de-Luz und dem Grenzort Hendaye bietet großartige Ausblicke aufs Meer. Kurz vor Hendaye das Château d'Abbadia. (A 18)

## Hendaye-Plage

Dies ist der südlichste Strand an der französischen Atlantikküste kurz vor der spanischen Grenze. Der dem Meer zugewandte Stadtteil der Grenzstadt (11 000 Ew.) ist mit seiner Blütenpracht und der exotischen Vegetation in üppigen Gärten, den Villen und dem schönen Boulevard de la Mer ein sehr ansprechender Badeort. (A 18)

*Die Villa Arnaga in Cambo-les-Bains ist im baskischen Stil erbaut*

# Von Auskunft bis Zoll

*Hier finden Sie kurzgefaßt die wichtigsten Adressen und Informationen für Ihre Atlantikreise*

## AUSKUNFT

**Französische Fremdenverkehrsämter**

*Kaiserstr. 12, 6000 Frankfurt 1, Tel. 069/75 60 83-0*

*Berliner Allee 26, 4000 Düsseldorf 1, Tel. 02 11/8 03 75*

*Hiltoncenter 259 c, Landstraßer Hauptstr. 2 a, 1033 Wien, Tel. 02 22/75 70 62*

*Bahnhofstr. 16, 8022 Zürich, Tel. 01/2 11 30 85*

*2, Rue Thalberg, 1201 Genève, Tel. 0 22/32 86 10*

Achtung: In einigen kleinen Badeorten hat das Office de Tourisme in der Regel nur in den Sommermonaten geöffnet.

## APOTHEKE

Wo das grüne Kreuz an der Hauswand angebracht ist, findet sich die *pharmacie*. Wenn das Kreuz blinkt, ist geöffnet – in der Regel von 9 bis 12.30 und 14 bis 18.30 Uhr. Welche Apotheke

*Sieht malerisch aus und ist doch mühsame Knochenarbeit: Weinlese auf Château Lafite-Rothschild*

nachts und am Wochenende Bereitschaftsdienst hat, ist an der Tür angezeigt. Im allgemeinen sind die Apotheken auf dem neuesten Stand und sehr gut versorgt. Man bekommt eine große Zahl Medikamente rezeptfrei.

## ARZT

Arztbesuche sind zunächst zu bezahlen (praktischer Arzt ca. 100 FF, Spezialist ca. 140 FF). Die Auslagen werden erstattet, wenn man Papierkrieg nicht scheut. Am besten schließt man eine Reise-Krankenversicherung (rund 30 DM) ab.

## AUTO

Autobahnen überbrücken Entfernungen – bei steigenden Gebühren. Zur Zeit (1992) kosten hundert Kilometer rund 35 FF. Bestimmte Strecken können billiger sein, z.B. Paris–Bordeaux rund 120 FF.

Dicht und wenig befahren ist das Netz der Landstraßen, starker Verkehr herrscht dagegen auf den meisten Nationalstraßen. Höchstgeschwindigkeiten:

Autobahn 130, bei Regen 110 km/h, Schnellstraßen 110, bei Regen 100 km/h; National- und Departementstraßen (N, D) 90, bei Regen 80 km/h; in Ortschaften 50 km/h. Promillegrenze 0,8. Für Fahrer und Beifahrer gilt die Anschnallpflicht. Motorräder müssen am Tage mit Abblendlicht fahren, für alle Verkehrsteilnehmer gilt das bei Regen und Nebel. In Frankreich wird zügig und oft zu schnell gefahren, auch in Ortschaften. Polizeikontrollen sind zwar selten, bereits bei geringen Tempoüberschreitungen sind jedoch hohe Geldbußen zu zahlen. Bei Unfällen muß Personenschaden vorliegen, damit die Polizei eingreift.

Pannenhilfe *(dépanneur-remorquer)* leisten die 24stündigen Dienste der Automobilhersteller, vermittelt durch die Polizei (Rufnummer 17) bzw. Autobahn-Notrufsäulen. Der ADAC-Auslandsnotruf in München berät auch Nichtmitglieder über Tel. 19 49/89 22 22 22 rund um die Uhr. Groß ist die Diebstahlgefahr. Am besten den Wagen nachts in Hotelgaragen bzw. gesicherten Parkplätzen abstellen (ohne jedes Gepäck). Wertsachen sollte man selbst tagsüber keinesfalls im geparkten Wagen liegenlassen.

*Sans plomb*, bleifrei, kann man inzwischen bei den meisten Tankstellen zapfen. Der Preis liegt unter dem für Superbenzin (durchschnittlich 5,60 FF 1992). Bei kleinen Defekten helfen Tankstellen-Werkstätten schnell und preiswert.

## BANKEN

Die Öffnungszeiten sind sehr unterschiedlich. In großen Städten im allgemeinen Mo—Fr 9—16.30 oder 17 Uhr. In kleinen Orten ist von 12.30—14 Uhr Mittagspause und Mo geschlossen, dafür Sa geöffnet. Als Zahlungsmittel sind Kreditkarten mehr und mehr verbreitet (bevorzugt VISA und Mastercard/Eurocard). Eurochecks gelten derzeit bis 1400 FF, werden als Zahlungsmittel außer bei Banken und Postämtern aber häufig nicht angenommen.

## CAMPING

Campingplätze aller Kategorien finden sich entlang der gesamten Atlantikküste in großer Zahl. Ein bevorzugtes Gebiet ist dabei die Côte d'Argent, wo Camping besonders beliebt ist. Die Varianten Camping *à la ferme,* also auf dem Bauernhof, und *sur aire naturelle,* auf Naturgrundstücken, gewinnen mehr und mehr an Bedeutung. In der Hochsaison ist zeitige Vorbuchung dringend geboten. Auskunft geben die örtlichen Touristenbüros und der *Deutsche Campingclub (DCC), Mandlstr. 28, 8000 München 40, Tel. 0 89/33 40 21,* sowie die *Fédération Française de Camping-Caravaning, 78, Rue de Rivoli, 75004 Paris, Tel. 42 72 84 08.*

## EINREISE

Paß oder Personalausweis genügt.

## FKK

Die Franzosen schätzen den *naturisme.* An der Küste gibt es zahlreiche abseits gelegene Strandabschnitte und Buchten, die bei FKK-Anhängern beliebt sind. Die größte FKK-Anlage Frankreichs liegt an der Côte d'Argent (Le Porge). *Domaines Naturistes* sind mit Sternen klassifizierte Campingplätze, auch mit kleinen Häusern, Freizeit- und Sporteinrichtungen. Der FKK-Führer »Guide Naturiste Français«, herausgegeben von *Socnat, 16, Rue Drouot, 75 009 Paris,* enthält alle Adressen und Beschreibungen der Plätze.

## INFORMATIONEN

Außer den lokalen Offices de Tourisme erteilen folgende regionale Fremdenverkehrsämter Informationen über ihr Gebiet:
*Loire-Atlantique (Côte d'Amour): Comité Départemental du Tourisme,* *Maison du Tourisme, Pl. du Commerce, 44 000 Nantes, Tel. 40 89 50 77;*
*Vendée (Côte de Lumière): Comité Départemental du Tourisme, 8, Pl. Napoléon, 85 000 La Roche-sur-Yon, Tel. 51 05 45 28;*

*Charente-Maritime (Côte de Lumière): Comité Départemental du Tourisme, 11 bis, Rue des Augustins, 17008 La Rochelle, Tel. 46 41 43 43;*

*Aquitaine (Côte d'Argent, Bordelais): Comité Départemental de Tourisme de la Gironde, 21, Cours de l'Intendance, 33 000 Bordeaux;*

*Landes (Côte d'Argent): Comité Départemental de Tourisme des Landes, 22, Rue Victor Hugo, 40 000 Mont-de-Marsan, Tel. 58 06 89 89;*
*Pyrénées-Atlantiques (Côte Basque): Agence de Tourisme du Pays Basque, B. P. 247, 64 100 Bayonne, Tel. 59 59 28 77*

## KONSULATE

### Deutsches Generalkonsulat
*377, Bd. du Président Wilson, 33 200 Bordeaux, Tel. 56 08 60 20*

### Deutsches Honorarkonsulat
*22, Rue Crébillon, 44 000 Nantes, Tel. 40 69 76 37*

### Österreichisches Honorarkonsulat
*86, Cours Balguerie-Stuttenberg, 33 000 Bordeaux, Tel. 56 48 57 57*

### Schweizerisches Generalkonsulat
*14, Cours Xavier Arnozan, 33 080 Bordeaux, Tel. 56 52 18 65*

## KURTAXE

Sie nennt sich *taxe de séjour,* Aufenthaltstaxe, und wird von verschiedenen Badeorten erhoben. Einmal berechnet man pro Person und Tag z.B. in Mimizan

4,40 FF; hinzu kommen dann noch bei Aufenthalt im Dreisternehotel 3,30 FF, im Zweisternehotel 2,20 FF und für Camper 1,10 FF (Stand 1992).

## MUSEEN UND SEHENSWÜRDIGKEITEN

Die genannten Öffnungszeiten für Museen und Sehenswürdigkeiten gelten im allgemeinen nur für die Hochsaison im Sommer. Außerhalb der Saison sind sie teils nur an bestimmten Tagen zu besichtigen, teils ganz geschlossen. Eintrittspreise: Bei Schlössern, zoologischen Gärten und privaten Museen zahlen Erwachsene durchschnittlich 25 FF Eintritt, Kinder die Hälfte. Staatliche und städtische Museen erheben um 10 FF. Die Besichtigung von Klöstern, Kirchen und Ausgrabungen ist ebenfalls billiger: um 10—15 FF.

## NOTRUF

*Police Secours: Tel. 17*

## POST UND TELEFON

Briefe (bis 20 g) und Postkarten in EG-Länder kosten 1992 2,50 FF, nach Österreich, in die Schweiz und andere europäische Länder 3,40 FF. Telefonieren von der Zelle aus 1 FF für Ortsgespräche, Ferngespräche in die meisten westeuropäischen Länder 4,50 FF pro Minute, Österreich 6,57 FF (Stand 1992). Erheblich billiger: Mo—Fr 21.30 bis 8 Uhr, Sa ab 14 Uhr, So den ganzen Tag. In fast allen Telefonzellen braucht man eine Telefonkarte *(télécarte)*, erhältlich in Tabakläden, Postämtern, Tankstellen, Hotels. Für Ferngespräche ins Ausland zuerst Vorwahl 19, dann Länderkennzahl (D 49, A 43, CH 41), dann Ortsvorwahl ohne die Null und die Rufnummer. Von Deutschland nach Frankreich: 00 33, dann die achtstellige Nummer.

## REISEZEIT

Die Hauptferien fallen in Frankreich in die Zeit zwischen Mitte Juli und Mitte August. Dann sind die Badeorte der Atlantikküste so stark besucht, daß praktisch kein freies Quartier zu finden ist. Sehr frühzeitiges Buchen von Hotelzimmer, Ferienhaus/ -wohnung und Stellplatz auf dem Campingplatz ist für diesen Zeitraum unerläßlich. Wer vor Mitte Juli oder nach Mitte August an der Küste Urlaub macht, hat dagegen mehr Spielraum und findet ohne größere Probleme ein freies Quartier. Ein weiterer Vorteil: Die Preise sind gesenkt. Die Wassertemperaturen erlauben Baden an geschützteren Stränden bis weit in den Herbst. Im Spätherbst/Winter empfehlen sich die großen Thalassotherapiezentren für eine Meerwasserkur. Auch hier gelten dann die Preise der Nebensaison.

## SPORT

Obwohl an erster Stelle Wassersport in allen Varianten getrieben wird, ist auch das Angebot an anderen Sportarten beachtlich und reicht vom Bogenschießen über Fliegen, Golf und Reiten bis Tennis. Vor allem in den Landes sind auch Fußwanderungen und Radtouren populär. Es gibt etliche hundert Kilometer Wanderwege und Fahrradpisten (Radverleih) in dem flachen Waldgebiet.

## STROMSPANNUNG

Üblich sind 220 V. Flachstecker passen auch in französische Steckdosen. Bei Schukosteckern muß man jedoch einen Adapter benutzen.

## TIERE

Tiere bis zum Alter von drei Monaten dürfen nicht eingeführt werden. Den Impfpaß mit Hepatitis- und Tollwutimpfungen sollte man dabeihaben, obwohl kaum kontrolliert wird.

## TRINKGELD

Bei verschiedenen Gelegenheiten sollte man ein Trinkgeld geben: Im Restaurant wird nach oben bis zu zehn Prozent aufgerundet. Im Hotel gibt man bei besonderen Dienstleistungen dem Portier und dem Zimmerservice ein Trinkgeld, ebenso bei längerem Aufenthalt dem Zimmermädchen (pro Woche 20 bis 30 FF). Im Taxi sind zehn Prozent üblich. Beim Friseur legt man ein paar Francs in das Schälchen bei der Kasse.

## UNTERKUNFT

In jedem Badeort kann man — bei rechtzeitiger Buchung! — aus einer breiten Palette von Unterkünften das Passende wählen, vom Privatzimmer über Pensionen und kleine Hotels mit fünf, sechs Zimmern bis zu den nach Sternen kategorisierten Hotels.

*Der Atlantik mit seinen Strömungen macht den Strandwächtern mehr zu schaffen als ihren Kollegen am Mittelmeer*

Zwei- bis Dreisternehotels bieten jeden Komfort, allerdings sind die Zimmer oft winzig. Beachten muß man auch, daß viele Hotels in der Badesaison nur wochenweisen Aufenthalt bieten. Das gilt sowieso für Ferienwohnungen und -häuser. Der Meeresurlaub im eigenen oder gemieteten Ferienhaus ist besonders beliebt, entsprechend groß ist das Angebot. Umfangreiche Angebote von Ferienhäusern und -wohnungen haben einheimische Veranstalter im Programm. Die Zimmerpreise im Hotel sind für ein oder zwei Personen dieselben. Extra berechnet wird das Frühstück. Listen mit Hoteladressen und Vermietern von Ferienhäusern bzw. -wohnungen gibt es bei den örtlichen Touristenbüros.

In der *maison de presse*, die es in jedem größeren Ort gibt, in Papierwarengeschäften, Buchhandlungen und Tabakläden ist die französische und ausländische Presse gut vertreten.

Ab 1. Januar 1993 bekommen auch die Touristen die Segnungen des europäischen Binnenmarktes zu spüren. Innerhalb der Europäischen Gemeinschaft gibt es dann für Privatreisende (nicht für Gewerbetreibende) keine Zollgrenzen mehr. Das heißt, daß der Tourist alle Waren, die er für seinen persönlichen Verbrauch eingekauft hat, ohne weiteres mit in sein Heimatland nehmen darf. Daß der Begriff »persönlicher Verbrauch« natürlich auch zu gewissen »Obergrenzen« führt, leuchtet jedem ein.

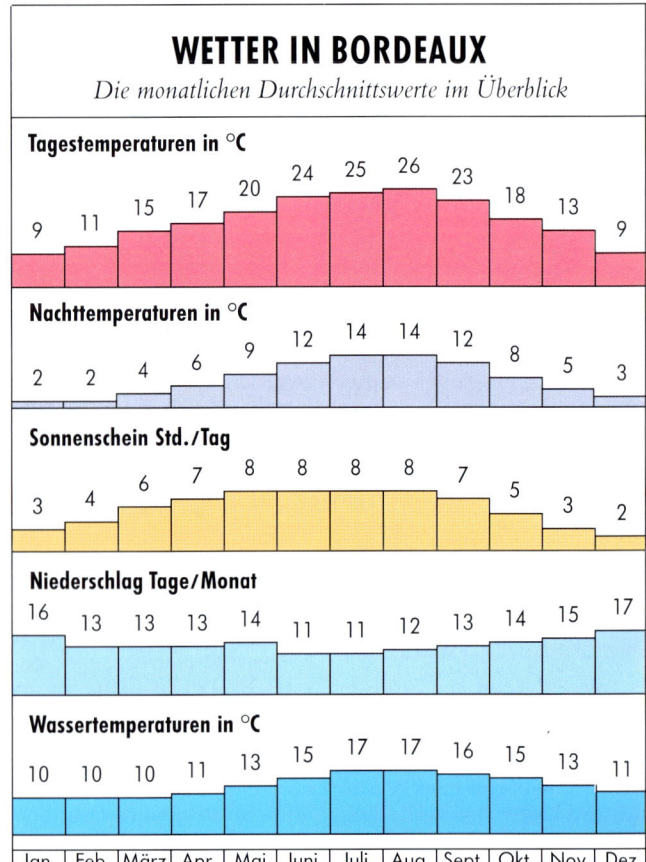

# WETTER IN BORDEAUX

*Die monatlichen Durchschnittswerte im Überblick*

**Tagestemperaturen in °C**

9 · 11 · 15 · 17 · 20 · 24 · 25 · 26 · 23 · 18 · 13 · 9

**Nachttemperaturen in °C**

2 · 2 · 4 · 6 · 9 · 12 · 14 · 14 · 12 · 8 · 5 · 3

**Sonnenschein Std./Tag**

3 · 4 · 6 · 7 · 8 · 8 · 8 · 8 · 7 · 5 · 3 · 2

**Niederschlag Tage/Monat**

16 · 13 · 13 · 13 · 14 · 11 · 11 · 12 · 13 · 14 · 15 · 17

**Wassertemperaturen in °C**

10 · 10 · 10 · 11 · 13 · 15 · 17 · 17 · 16 · 15 · 13 · 11

Jan. | Feb. | März | Apr. | Mai | Juni | Juli | Aug. | Sept. | Okt. | Nov. | Dez.

# Bloß nicht!

*Auch an der Französischen Atlantikküste gibt es — wie in allen Reisegebieten — Touristenfallen oder Dinge, über die man Bescheid wissen oder die man vermeiden sollte*

### Unvorsichtig baden

Man muß entlang der Atlantikküste zwischen bewachtem Strand *(plage surveillée)* und unbewachtem Strand *(plage non surveillée)* unterscheiden. Das ist lebenswichtig, denn hohe Wellen und starke Strömung sind schon manchem Leichtsinnigen zum Verhängnis geworden. Die Lebensrettungsposten *(poste de surveillance)* an den bewachten Stränden garantieren gefahrloses Baden — wenn man die Flaggensignale beachtet: Die grüne Flagge bedeutet »keine Gefahr«, die gelbe bzw. orange »Baden gefährlich, aber überwacht« und die rote »Baden verboten«. Bei steigender Flut darf man sich nicht auf einer Sandbank überraschen lassen. Besondere Vorsicht ist bei einsetzender Ebbe vor den starken Strömen in Vertiefungen der Küste, den *baines*, geboten. Selbst wenn man Boden unter den Füßen hat, können sie einen mitreißen. Natürlich sollte man auch den altbekannten Rat beherzigen, sich nicht mit vollem Magen ins kühle Naß zu stürzen. An jedem bewachten Badestrand sind Informationstafeln mit Warnungen vor speziellen Gefahren und den Zeiten von Ebbe und Flut aufgestellt.

### In der Hochsaison nicht ohne Reservierung losfahren

Will man im Hochsommer zum Badeurlaub an die Atlantikküste, sollte man keinesfalls auf gut Glück losfahren: Vorbestellen des Quartiers ist für die meisten Orte unerläßlich, und zwar möglichst frühzeitig. Das gilt für alle Arten von Unterkünften: Hotels, Pensionen, Privatzimmer, Jugendherbergen, aber insbesondere auch Campingplätze. Wer sich kurzfristig für einen Badeurlaub entschließt, sollte es nicht zuletzt bei den ein paar Kilometer im Hinterland der Küste gelegenen Ferienorten versuchen, die im allgemeinen eine breite Palette an preiswerten Unterkünften bieten.

### Essen im Hotel

Wenn Sie unabhängig und nicht dazu verurteilt sein wollen, zu bestimmten Essenszeiten im Hotel erscheinen zu müssen, sollten Sie möglichst kein Hotel mit Restaurant wählen — oder höchstens Halbpension vereinbaren.

### Automarder

Für die Anreise durch Frankreich an die Küste legen wir jedem Autofahrer ans Herz, den Wagen keinesfalls über Nacht auf unbewachtem Parkplatz abzustellen, auch nicht vorm Hotel. Es sei denn, man übernachtet in irgendeinem gottverlassenen Nest. Selbst bei kürzeren Zwischenstopps in Städten oder an stark befahrenen Fernstraßen sollte man keine Wertsachen im Auto lassen. Besonders in der Hochsaison sind auf Autodiebstähle spezialisierte Banden unterwegs – heutzutage in allen bedeutenden Reiseländern.

### Hund am Strand

In der Badesaison – im allgemeinen vom 1. Juni bis 30. September – haben die meisten der großen Seebäder, aber auch kleinere Badeorte für Hunde tagsüber (etwa 9–20 Uhr) Strandverbot erlassen. Das gilt für die bewachten, städtischen Strände, aber natürlich nicht für einsame Küstenstrecken.

### Feuer im Wald

Die Brandgefahr ist naturgemäß in dem Waldgebiet der Landes mit seinen endlosen Pinien- und Kiefernanpflanzungen sowie Heide- und Torfmoorflächen groß. Das Rauchen sollte hier unbedingt unterbleiben, und selbstverständlich ist es verboten, Feuer zu machen und mit dem Auto die Fahrwege zu verlassen.

### Dünen nicht betreten

An der Côte d'Argent ist der Dünengürtel für das dahinter liegende Waldgebiet, aber natürlich auch für die Badeorte und Dörfer der Landes, ein lebenswichtiger Schutzwall. Die Dünen sind mit Strandhafer bepflanzt und brechen die Kraft von Stürmen und Wind. Sie verhindern, daß wie in früherer Zeit Flugsand und Wanderdünen die Küstenregion verheeren. Zu den Stränden führen von befestigten Parkplätzen angelegte Wege. Es ist untersagt, abseits dieser Zugänge die Dünen zu überqueren. Auch das Sonnenbad in den Dünen muß unterbleiben, wenn diese Küste als Badeparadies auf Dauer erhalten bleiben soll und man sich nicht des Verstoßes gegen dieses Verbot schuldig machen will.

*Für (geübte) Surfer ist die Französische Atlantikküste ein Paradies*

*In diesem Register sind alle in diesem Führer beschriebenen Orte und Ausflugsziele verzeichnet*

# Was bekommen ich für mein Geld?

In Frankreich ist die Mark mehr wert als in vielen anderen europäischen Reiseländern, darunter auch Spanien und Italien. Generell ist der Urlaub am Atlantik vor allem im Juli und August teurer als im Binnenland. Es versteht sich von selbst, daß der Urlaub in mondänen Seebädern wie La Baule oder Biarritz entsprechend teuer zu stehen kommt, es sei denn, man verbringt ihn als Selbstversorger auf dem Campingplatz. Das Doppelzimmer im Zweisternehotel kostet (für zwei Personen) rund 300 FF, die Nacht auf dem Campingplatz für zwei Personen und Stellplatz (Auto und Zelt) je nach Komfort zwischen 40 und 100 FF. Ferienwohnungen für ein bis drei Personen kosten pro Woche in der Hauptsaison 1500 FF und mehr. Für ein kleines Ferienhaus am Meer muß mit einer Wochenmiete von durchschnittlich 2500 FF gerechnet werden. Für ein kleines Menü zahlt man um 100 FF. Die Tasse *café noir* kostet rund 6 FF, ein Croissant 3 bis 3,50 FF, ein Baguette 3,50 FF. Superbenzin kostet pro Liter rund 5,60 FF, Super-Bleifrei ist um rund 25 Centimes billiger. Das Porto für Postkarte/Brief in Länder der EG beträgt 2,50 FF, sonst 3,40 FF. Alle Preise nach dem Stand von 1992.

*FF: 3,26 = DM*

| DM | FF | FF | DM |
|---|---|---|---|
| 1 | 3,26 | 1 | –,31 |
| 2 | 6,53 | 5 | 1,53 |
| 3 | 9,79 | 10 | 3,07 |
| 4 | 13,05 | 20 | 6,13 |
| 5 | 16,31 | 30 | 9,20 |
| 10 | 32,63 | 40 | 12,26 |
| 20 | 65,25 | 50 | 15,33 |
| 25 | 81,57 | 75 | 22,99 |
| 30 | 97,88 | 100 | 30,65 |
| 40 | 130,51 | 200 | 61,30 |
| 50 | 163,13 | 300 | 91,95 |
| 75 | 244,70 | 400 | 122,60 |
| 100 | 326,26 | 500 | 153,25 |
| 200 | 652,53 | 600 | 183,90 |
| 250 | 815,66 | 700 | 214,55 |
| 300 | 978,79 | 800 | 245,20 |
| 500 | 1.631,32 | 900 | 275,85 |
| 750 | 2.446,98 | 1.000 | 306,50 |
| 1.000 | 3.262,64 | 2.500 | 766,25 |
| 2.000 | 6.525,29 | 5.000 | 1.532,50 |

*Wer es nicht mehr rechtzeitig zur Bank geschafft hat, muß nicht verzweifeln. Nicht nur in Mimizan gibt es solche fahrenden Wechselstuben*